GUIDE DES FAMILLES POLITIQUES POUR CITOYENS PERDUS

Éditions Eyrolles
61, bd Saint-Germain
75005 Paris
info@eyrolles.com
www.editions-eyrolles.com

Relecture/correction : Marie-Gabrielle Houriez et Christelle Gigot
Mise en pages : Istria

Depuis 1925, les éditions Eyrolles s'engagent en proposant des livres pour comprendre le monde, transmettre les savoirs et cultiver ses passions ! Pour continuer à accompagner toutes les générations à venir, nous travaillons de manière responsable, dans le respect de l'environnement. Nos imprimeurs sont ainsi choisis avec la plus grande attention, afin que nos ouvrages soient imprimés sur du papier issu de forêts gérées durablement. Nous veillons également à limiter le transport en privilégiant des imprimeurs locaux. Ainsi, 89 % de nos impressions se font en Europe, dont plus de la moitié en France.

ISBN : 978-2-416-02069-8

Denis Ferré

GUIDE DES FAMILLES POLITIQUES POUR CITOYENS PERDUS

Éditions
EYROLLES

À Renée, mon épouse, citoyenne française par amour.

SOMMAIRE

INTRODUCTION

Depuis la Révolution, il y a eu la naissance de pas moins de quatorze familles politiques en France. Cela parce que la France a longtemps été un « laboratoire politique bouillonnant[1] ». Une famille politique peut être définie comme étant « un ensemble de citoyens et de citoyennes qui partagent une certaine vision du monde fondée sur un socle commun de valeurs, de références, de peurs et d'espoirs[2] ».

Selon la plupart des politologues, les quatorze familles que l'on peut identifier depuis la Révolution sont : les légitimistes, les républicains, les orléanistes, les bonapartistes, les libéraux, les radicaux, les socialistes, les nationalistes, les démocrates-chrétiens, les anarchistes, les communistes, les agrariens, les gaullistes, les écologistes.

Pourtant, dans cet ouvrage, il ne sera question que de douze familles. En effet, je regrouperai les orléanistes et les légitimistes dans la famille plus élargie des monarchistes. J'inclurai les radicaux parmi les républicains, car ils n'en sont finalement que la branche la plus radicale.

Je laisserai aussi de côté la famille des agrariens, famille quasi disparue aujourd'hui et souvent intégrée à d'autres au gré des circonstances. Elle a de fait surtout existé entre 1930 et 1960, quand le déclin des campagnes et des agriculteurs est devenu irréversible. On en trouve encore des descendants, un peu égarés, dans certains syndicats agricoles, comme la Coordination rurale, par exemple, chez quelques penseurs du « localisme » proches du Rassemblement national (RN), ainsi

1. Gilles Richard, *Histoire des droites en France. De 1815 à nos jours*, Perrin, coll. « Tempus », 2023, p. 22.

2. *Ibid.*, postface, p. 679.

que dans la survivance d'une organisation politique telle que Le Mouvement de la ruralité (LMR, ex-Chasse, Pêche, Nature et Traditions).

Enfin, j'ajouterai à la liste une famille toute récente, que l'on pourrait qualifier de « recomposée » car née de l'éclatement de plusieurs autres, celle des macronistes – dont je discuterai l'originalité et la pérennité.

Mais, au fond, pourquoi parler de « familles » ? Cette désignation a sa pertinence parce qu'en politique comme dans la vie sociale, la cellule familiale reste la cellule de base. On y trouve : des héritages, des patrimoines, des ancêtres, des générations, des mémoires, des filiations, des alliances, des branches, de l'endogamie, des adoptions, des transmissions, des aînés et des cadets, des décès et des naissances (avec parfois même des « bâtards »), des séparations et des divorces, des mariages et des remariages, des veufs et des veuves, des orphelins. Comme dans la vie contemporaine, il y a des familles étroites et des familles élargies, des familles éclatées et des familles recomposées.

Au départ de notre vie politique, au XIXe siècle, il n'y avait que trois grandes familles : la monarchiste, la républicaine et la bonapartiste. Toutefois, la grande famille républicaine s'est ramifiée rapidement en plusieurs branches : les libéraux (ou « modérés »), les radicaux et les socialistes. En effet, on pouvait être libéral et républicain, ou libéral et monarchiste (et dans ce cas orléaniste). On pouvait être républicain et socialiste, mais aussi socialiste sans être républicain (voire en étant antirépublicain).

Il est vrai qu'on est peu habitué aujourd'hui à raisonner en termes de familles politiques. Cela parce qu'il existe souvent une forme de bipolarité, ne serait-ce que par le jeu du parlementarisme : une majorité contre une opposition (même quand celle-ci est multiple). De plus, cette compétition électorale pour l'obtention de sièges a entraîné l'organisation de partis politiques structurés dont la logique de regroupement n'est pas uniquement la famille de pensée. Des critères tactiques jouent aussi dans la perspective de conquête du pouvoir. Le déclin des idéologies et l'évolution de nombreux partis vers le modèle « attrape-tout » ont accentué cet effacement des liens familiaux dans notre vie politique.

Pour autant, à partir de la Révolution française, la question politique centrale a été celle du choix du régime. Le premier clivage droite/gauche apparaît sur cette question. De 1789 à 1905, c'est-à-dire de la loi de nationalisation des biens du clergé à la loi de séparation des Églises et de l'État, on est « blanc » ou « bleu », c'est-à-dire clérical ou anticlérical, et monarchiste ou républicain, pour l'essentiel.

De 1906 à 1981, on évolue vers une redéfinition du clivage. La droite est dominée par les républicains libéraux, la gauche par les républicains sociaux. L'enjeu est de moins en moins celui du régime (et de la place de l'Église) mais, surtout à partir de la Libération, celui de deux visions de la République : la République libérale ou la République sociale. Les points d'orgue de cette opposition sont 1936 (le Front populaire), 1944 (la Libération), 1981 (un socialiste élu président par le suffrage populaire).

À partir des années 1980, un troisième clivage s'impose sous les effets de l'intégration européenne, de la mondialisation compétitive et de la fin de la guerre froide. L'opposition se situe de plus en plus entre les libéraux et les nationalistes. Avec l'effacement relatif de la souveraineté nationale, la question de la Nation revient au cœur des enjeux politiques. Or ce clivage traverse essentiellement la droite. Le libéralisme (surtout sous sa forme économique) et le nationalisme sont deux valeurs ancrées à droite depuis au moins le début du xxe siècle.

C'est pourquoi, de nos jours, le clivage droite/gauche est brouillé, d'autant que la gauche peine à se situer sur la question nationale. Elle s'en trouve marginalisée comme l'ont montré les dernières élections nationales (2017, 2022, voire 2024). Deux familles occupent le gros de l'espace : la famille libérale, universaliste et pro-européenne, dont le macronisme est le dernier rejeton ; et la famille nationaliste, identitaire et anti-européenne dont le Rassemblement national a pris la tête. Il est donc utile plus que jamais de raisonner en termes de « familles politiques », puisque cela peut permettre de mieux comprendre les rassemblements, d'un côté, et les divisions, de l'autre, dans une période de recomposition politique évidente.

Dans la généalogie des familles politiques, il y a les vieilles familles aux origines anciennes et à la longévité impressionnante, comme la famille libérale ; et puis il y a des familles apparues plus tardivement, mais qui paraissent devoir durer, comme la famille écologiste. La cause de l'apparition d'une nouvelle famille en politique tient toujours de l'existence d'un très grave danger, d'une menace que les familles installées ne semblent pas en mesure de contrer. Le gaullisme est né de la débâcle de 1940, l'écologie politique de la dégradation accélérée, et de plus en plus avérée, de l'environnement (années 1970).

Confronté à cette société politique constituée de familles diverses, opposées ou alliées, décomposées ou recomposées, anciennes ou récentes, marginales ou centrales, le citoyen a souvent du mal à s'y retrouver. C'est d'autant plus vrai quand le clivage binaire droite/gauche n'est plus opérant. C'est d'autant plus compréhensible que le multipartisme français brouille les cartes du jeu des familles politiques. Il y a cohabitation de douze familles certes, mais quelque cinquante partis politiques sont actifs, dont plus d'une vingtaine ont des élus nationaux ou européens : il y a de quoi s'y perdre ! On comprend ici que l'égalité famille = parti n'est pas la règle. Par exemple, s'il y a une famille communiste, il n'y a pas qu'un seul parti politique se réclamant du communisme. Et puis, par le jeu des alliances, des familles se côtoient et même se mélangent ! Il y a des républicains et des libéraux dans la plupart des partis politiques, à gauche comme à droite. Chez Les Écologistes, on trouvera des membres de la famille socialiste, et au Parti socialiste des membres de la famille écologiste.

Par conséquent, ce livre a pour objectif d'aider le citoyen à retisser les filiations, à mieux identifier les héritages pour mieux appréhender l'histoire et les valeurs des partis politiques actuels qui s'offrent à nos suffrages. Par volonté de simplifier, chaque famille sera présentée comme autonome, même si, dans la réalité, il y a des interactions et des interpénétrations. J'ai choisi de regrouper les familles en trois grandes catégories : celles historiquement opposées à la République, celles qui, au contraire, ont fait partie de l'arc républicain traditionnel, et celles de création plus récente, apparues pour surmonter une crise et proposer une mutation dans la République.

Pour chacune des familles, le chapitre est structuré de la même façon avec :

- un encadré avec les informations clés ;
- en exergue, une citation caractéristique du courant ;
- l'historique de la famille politique depuis son apparition jusqu'à nos jours ;
- les organisations successives s'en revendiquant ;
- son corpus idéologique, ses pratiques culturelles ;
- un texte significatif avec un court commentaire de présentation et d'explication ;
- un test « pour vous situer » par rapport au courant en question – pris dans son ensemble, le questionnaire est une liste d'affirmations qui forme comme un « manifeste » de la famille politique concernée ;
- une question que l'on se pose fréquemment sur cette famille de pensée, avec sa réponse ;

- quand cela est possible, une courte biographie d'une personnalité politique contemporaine se rattachant à cette tradition familiale.

Peut-être, à la fin de la lecture de cet ouvrage, aurez-vous trouvé une famille d'adoption !

PARTIE 1

LES FAMILLES HISTORIQUEMENT OPPOSÉES À LA RÉPUBLIQUE

CHAPITRE 1

LA FAMILLE MONARCHISTE : UN REFUS DURABLE DE LA DÉMOCRATIE

Au programme :

- La branche des légitimistes : « Vive le Roi ! »
- La branche des orléanistes : « Vive le Roi ! Vive la Nation ! »
- Le dilemme de la famille royaliste après l'avènement de la République : l'acceptation ou le repli
- Un texte représentatif : une vision royaliste dans le contexte de l'affaire Dreyfus

Informations clés

- **Dates :** 1814 – Restauration (Louis XVIII) ; 1830 – révolution et monarchie de Juillet (Louis-Philippe Ier) ; 1871 – échec de l'espoir d'une nouvelle Restauration (comte de Chambord) ; 1908 – première parution de *L'Action française* (Charles Maurras).
- **Principaux partis :** Action française (mouvement politique contemporain rassemblant les royalistes les plus traditionnels).
- **Personnalités contemporaines principales :** deux potentiels héritiers du trône, Louis de Bourbon (duc d'Anjou) pour la branche légitimiste, Jean d'Orléans (comte de Paris) pour la branche orléaniste.

« Le roi n'est pas l'élu du peuple à un moment de son histoire mais l'élu des siècles. »

Jean Dutourd

Les royalistes sont les partisans de la forme monarchique, donc de la transmission héréditaire et dynastique du pouvoir. Cependant, dès la révolution de 1789, et plus encore à partir de leur retour aux affaires, après la chute de Napoléon, ils se divisent entre partisans d'un pouvoir du roi très large et partisans d'un certain équilibre entre l'exécutif royal et la puissance législative accordée à des assemblées.

Sous la Restauration (1814-1848), deux camps – qui sont aussi, au départ, dans le vrai sens du terme, deux branches familiales royales – s'opposent et alternent au pouvoir.

La branche des légitimistes : « Vive le Roi ! »

On appelle ainsi ceux des royalistes fidèles à la branche aînée des Bourbons. Chez eux, le roi est un descendant direct de Saint Louis. Leur retour à la tête de l'État se produit à la chute de Napoléon, d'abord en 1814, puis après l'épisode des Cent Jours en 1815 (retour de l'empereur au pouvoir pendant cent jours, avant Waterloo). Ce sont les frères de Louis XVI, le roi guillotiné pendant la Révolution, qui se succèdent sur le trône, parés du titre de roi de France, régnant sous la couleur blanche de l'étendard royal : Louis XVIII (jusqu'en 1824), puis Charles X (jusqu'en 1830).

Mais leur influence va bien au-delà de cette période dite de la première Restauration. Longtemps encore après la chute de Charles X, ils maintiennent une presse acquise à leurs idées et peuvent compter sur l'appui durable de la hiérarchie catholique. Leurs théoriciens principaux sont Louis de Bonald et Joseph de Maistre.

C'est un courant interclasses, touchant certains milieux ouvriers, ainsi que les masses paysannes dans certaines régions bien localisées (une partie de la Vendée, par exemple). Toutefois, c'est chez les aristocrates que l'adhésion est la plus générale, dans les milieux catholiques et parmi les femmes de ces milieux notamment.

Leur doctrine est fondée sur le besoin d'autorité que nul ne peut incarner mieux, selon eux, que la personne royale. Ils sont paternalistes dans leur conception de la société : le roi est le père de ses sujets, le patron le père de ses ouvriers, le père est le chef de la famille. Autorité et protection vont ensemble. Ils défendent une vision décentralisée de la France, dans le respect des hiérarchies, des coutumes, des vieilles franchises provinciales. Ils tiennent à l'alliance du trône et de l'autel, et entendent redonner toute sa place à l'Église catholique et au catholicisme.

L'ultracisme est la version radicale de ce courant. Les ultraroyalistes ou « ultras » réclament que le roi détienne l'essentiel de l'autorité, même la partie législative et s'accommodent mal de la Charte constitutionnelle accordée ou acceptée par Louis XVIII ; dès 1814, leur chef est le comte d'Artois, qui monte sur le trône en 1824 sous le nom de Charles X.

La branche des orléanistes : « Vive le Roi ! Vive la Nation ! »

Ce sont d'autres royalistes, ceux qui font confiance à Louis-Philippe d'Orléans, de la branche cadette des Bourbons (descendant direct de Henri IV). Lui, comme son père au début de la Révolution, est fidèle aux idéaux de 1789. Il accepte les acquis de la première partie de la Révolution, c'est seulement la république qu'il rejette.

Les orléanistes accèdent au pouvoir grâce à la révolution de juillet 1830 qui force Charles X à abdiquer. Ils placent sur le trône Louis-Philippe Ier. Le régime sera surnommé « monarchie de Juillet ». Leurs théoriciens sont des libéraux comme Benjamin Constant ou François Guizot.

Leur assise sociale est résolument la bourgeoisie, et, à l'intérieur de cette classe sociale, les intellectuels sont largement acquis à la doctrine orléaniste (journalistes, professeurs d'université, docteurs). Du reste, les orléanistes prônent un gouvernement des élites. C'est au point que, bien que plus libéraux que les légitimistes, ils se montrent longtemps plus hostiles qu'eux au suffrage universel.

Leur doctrine est un libéralisme conservateur, fondé sur les idéaux de 1789 : la monarchie constitutionnelle, les droits de l'homme (liberté, égalité, propriété), une monarchie sécularisée (contre la menace du cléricalisme). Ils estiment incarner le juste milieu entre réactionnaires légitimistes et révolutionnaires jacobins. Le roi Louis-Philippe Ier, dont le titre est « roi des Français » (roi de la Nation), règne dans le respect (au moins en théorie) de la charte rénovée en 1830. Il se place sous la bannière tricolore, symbole de 1789. Mais il est à son tour chassé du pouvoir lors de la révolution de 1848.

Le dilemme de la famille royaliste après l'avènement de la République : l'acceptation ou le repli

Les légitimistes sont sur le déclin tout au long du XIXe siècle, cependant le comte de Chambord a une occasion de monter sur le trône, que les députés royalistes cherchent à restaurer en 1871. Son obstination à vouloir revenir au drapeau blanc et son conservatisme font échouer toute chance de restauration.

Néanmoins, dans la première moitié du XXe siècle, le courant retrouve de la vitalité, dans le sillage intellectuel de Charles Maurras et de son monarchisme intégral, au sein du mouvement Action française (AF). Compromis dans son soutien à Vichy et par son antisémitisme, ce courant est devenu marginal depuis 1944.

Les orléanistes, quant à eux, disparaissent en tant que parti royaliste mais pas en tant que courant de pensée. Ils se mêlent aux républicains opportunistes et trouvent avec eux un compromis qui jette les assises de la IIIe République vers 1875.

Encore à la fin du XXe siècle, on peut reconnaître certains traits du courant orléaniste dans le parcours, l'idéologie et la pratique du pouvoir de Valéry Giscard d'Estaing, président de la République de 1974 à 1981. En réalité, le courant orléaniste est à l'origine de la droite libérale et centriste actuelle. Une droite que René Rémond, dans son maître essai *Les Droites en France*[3], qualifie de libérale et conservatrice. Le libéral se trouvant parfois dans le conservatisme et le conservateur dans la nouveauté, l'historien écrit : « ces libéraux entendent conserver tout ce qui n'est pas condamné par le mouvement des idées et des choses » et « le conservateur [...] prend son parti des changements qu'il n'a pu empêcher ».

Le giscardisme, selon Giscard lui-même, est un libéralisme avancé, il en assume l'identification en décriminalisant l'avortement, rendant ainsi au domaine de la liberté individuelle une pratique jusque-là interdite et condamnée par l'État. En même temps, le président Giscard se contente d'un réformisme prudent ne portant pas atteinte à la stabilité de l'ordre social,

3. René Rémond, *Les Droites en France*, Aubier-Montaigne, 1992.

par exemple, en refusant obstinément d'autoriser une libération des ondes radiophoniques.

Le giscardisme a marché dans les pas de l'orléanisme en ce qu'il a représenté un essai d'être le juste milieu si cher à Guizot. Flanqué sur sa droite d'un partenaire concurrent gaulliste et sur sa gauche d'une coalition sociale-démocrate, Giscard d'Estaing croyait encore pouvoir rassembler deux Français sur trois au centre, comme l'affirmait le titre de son livre publié en 1984.

Un texte représentatif : une vision royaliste dans le contexte de l'affaire Dreyfus

> « *Après la Commune, on a fusillé des milliers d'ouvriers et laissé échapper les chefs ; un roi de France aurait frappé ces derniers sans miséricorde, mais il eût épargné le peuple […]. Il nous reste à prévoir ce que sera le gouvernement normal du royaume. Nous le concevons comme le régime de l'ordre. Nous concevons cet ordre comme conforme à la nature de la nation française et aux règles de la raison universelle. En d'autres termes, ce régime nous apparaît comme le contrepied de celui que nous subissons. Aujourd'hui on rencontre la liberté et ses périls "en haut", nous voulons dire dans les affaires capitales qui engagent l'avenir de la nation et la sûreté de l'État ; quant à l'autorité, dans ses plus extrêmes rigueurs, on l'a placée, bien inutilement ! "en bas", en des sujets où, au contraire, la discussion, la diversité, l'initiative de chaque citoyen seraient, non seulement sans périls, mais avantageuses ; on a mis cette autorité souveraine et décisive dans le moindre détail des rapports des particuliers avec l'administration ! Intervertir cet ordre, placer les libertés en bas, l'autorité en haut, c'est proprement reconstituer l'ordre naturel et rationnel ; la constitution royaliste, c'est donc*

proprement la continuation naturelle et rationnelle du pays, enfin retrouvée ; et le règne du roi n'est que le retour à notre ordre. »

Charles Maurras, *Dictateur et roi*, 1899, préface,
Les Documents d'Action française

Charles Maurras est le grand penseur du royalisme après la victoire apparemment définitive des républicains et de la République. Son monarchisme intégral n'est pas d'ordre strictement héréditaire ou divin, il explique ici que c'est une forme d'autorité morale compatible avec l'histoire, les mœurs et le génie national des Français. C'est un régime d'ordre en opposition avec le désordre que crée, selon lui, la trop grande liberté issue de la Révolution française. Il a eu une grande influence sur Action française dans l'entre-deux-guerres.

Votre proximité avec la famille des royalistes, faites le test !

Êtes-vous d'accord ou plutôt d'accord/pas d'accord ou plutôt pas d'accord avec ces propositions ? Si vous hésitez beaucoup, vous pouvez aussi répondre « ne se prononce pas ».

HISTOIRE

1. La France doit plus à la longue chaîne de ses rois depuis Hugues Capet (987) qu'à la Révolution (1789) et ses suites.
2. Rétablir la monarchie serait réparer une injustice commise à la Révolution.
3. Sous une monarchie, la France n'aurait pas connu certains malheurs comme les guerres civiles que furent la Commune (1871) et la Collaboration (1940).

MODE DE GOUVERNEMENT

4. Dans une société, la coutume a autant, sinon plus de valeur que la loi.
5. Il faut une instance politiquement neutre à la tête de l'État pour réconcilier les Français.
6. Tout pouvoir a besoin d'une élite pour être stable et efficace.

7. En démocratie, l'hérédité monarchique est un principe de durée qui compense la versatilité des majorités.
8. Les lois peuvent être élaborées démocratiquement mais doivent respecter des principes moraux immuables.

VALEURS

9. Le catholicisme est un élément essentiel de la culture française et doit être reconnu comme tel.
10. Aux principes de liberté et d'égalité, il faut ajouter le principe d'autorité.

ÉTAT ET NATION

11. La Nation a besoin de s'incarner dans une seule personne reconnue légitime pour cela.
12. Avoir un monarque et une famille royale renforce l'identité nationale et l'unité de la société.
13. Au XIXe siècle, le Royaume-Uni a été plus puissant que la France parce qu'il était une monarchie et la France une république.
14. La continuité de l'État est mieux assurée en cas de crises très graves dans une monarchie que dans une république.

SOCIÉTÉ

15. La monarchie est compatible avec la société moderne, même en France, pays de la Révolution.
16. La famille traditionnelle est la cellule de base de toute organisation sociale.
17. Les intérêts des patrons et ceux des ouvriers sont conciliables pour peu qu'on organise des corporations les regroupant.
18. Le choix de l'école de leurs enfants est un droit fondamental pour les parents.

Maintenant, comptabilisez vos réponses « d'accord ou plutôt d'accord » :

- Moins de 6 : vous êtes très éloigné de l'idée monarchiste, c'est sans doute une idée que vous trouvez passéiste ou surannée !
- Entre 6 et 12 : vous n'êtes pas royaliste, mais vous avez des hésitations ou certaines vues compatibles avec une monarchie moderne. Vous ne semblez quand même pas prêt à une restauration !

- Entre 13 et 18 : vous êtes un proche de la famille royaliste ou même un membre. Vous verriez des avantages à vivre sous la monarchie. Mais alors, légitimiste ou orléaniste ?

Pour comprendre : peut-on encore être monarchiste au XXIe siècle ?

Oui, bien sûr. D'autant que la république permet la liberté de pensée et d'expression. Il existe encore des royalistes en France, mais ils ne pèsent rien politiquement. Pour autant, s'ils sont ultraminoritaires, ils sont très actifs et organisent des conférences, des colloques et des manifestations.

Ainsi, depuis 1920, tous les 9 mai, ils vont déposer une gerbe au pied de la statue de Jeanne d'Arc à Paris. Leur principale organisation reste Action française. Au-delà du folklore, de l'aspect nostalgique et romantique, la doctrine reste inchangée : un roi donnerait à la France de la stabilité, du consensus national et une meilleure image dans le monde. La république, avec ses divisions politiques, ses querelles, ses soubresauts électoraux, demeure honnie.

Autre permanence, la division entre orléanistes et légitimistes qui ont leur propre prétendant au trône, sans parler de quelques groupuscules qui contournent cette position irréconciliable, en prônant soit une victoire par les urnes, soit le ralliement à celui que la providence portera sur le trône en cas de restauration monarchique.

CHAPITRE 2

LA FAMILLE BONAPARTISTE : LA RÉPUBLIQUE SANS LA LIBERTÉ

Au programme :

- L'oncle et le neveu : deux expériences originales
- Les influences bonapartistes post-impériales : un vieux fond bonapartiste chez les Français
- Un texte représentatif : l'utopie impériale du « prince-président »

Informations clés

- **Dates :** 1804-1815 – Premier Empire (Napoléon Ier) ; 1852-1870 – Second Empire (Napoléon III).
- **Principaux partis :** il n'existe plus vraiment de parti bonapartiste, sauf de manière résiduelle en Corse, mais signalons l'existence du mouvement France Bonapartiste.
- **Principale personnalité contemporaine :** Jean-Christophe Bonaparte, descendant de Jérôme Bonaparte (frère de Napoléon).

« La confiance vient d'en bas, mais l'autorité vient d'en haut. »

Emmanuel-Joseph Sieyès

Le bonapartisme est le produit de deux expériences impériales au cours du XIXe siècle : le Premier Empire de Napoléon Ier de 1804 à 1815 et le Second Empire de Napoléon III de 1852 à 1870.

L'oncle et le neveu : deux expériences originales

Ce n'est que lors du Second Empire que s'esquisse une doctrine officielle, que Napoléon III nomme le césarisme démocratique. C'est une pratique du pouvoir plus qu'un corpus de pensée bien structuré, une pratique et un esprit politique qui se prétendent au-dessus des partis. Il a donc l'unité nationale comme essence.

Il ne s'agit pas de la continuité de la vieille monarchie, bien au contraire, le bonapartisme est un enfant de la Révolution, car il est une garantie révolutionnaire – selon les mots de Guizot ; avec lui, pas de risque de retour en arrière, de rétablissement de l'Ancien régime social en particulier. Le bonapartisme entend préserver les acquis révolutionnaires (égalité civile, propriété, assemblées et même suffrage universel). Il concurrence ainsi le républicanisme et le royalisme libéral. Comme eux, il vise à la modernité. Malgré son caractère monarchique (un prince élevé à la qualité impériale), il est plus proche du républicanisme que du royalisme en ceci qu'il recherche l'expression populaire pour obtenir l'adhésion du peuple, d'où l'organisation de plébiscites.

Avec Napoléon III, il tend même à développer une doctrine sociale, ce que symbolisent son ouvrage *Extinction du paupérisme*[4]

4. Louis-Napoléon Bonaparte, *Extinction du paupérisme*, Pagnerre Éditeur, 1844.

écrit en 1844 – alors qu'il n'est encore que Louis-Napoléon Bonaparte – et sa décision, une fois devenu l'empereur Napoléon III, d'accorder le droit de grève aux ouvriers en 1864. Pour autant, le principe d'autorité est le principe dominant, menant même parfois jusqu'à l'autoritarisme.

Sous le Premier Empire, Napoléon Ier ou ses préfets désignent eux-mêmes les membres des assemblées via des listes de notables. Sous le Second Empire, les élections mettent en valeur des « candidats officiels » qui usent des moyens de l'État pour leur campagne électorale.

S'il a été élu député avec une image plutôt de gauche, en tout cas assez républicaine, Louis-Napoléon est le candidat présenté par le « parti de l'ordre » en 1848, lors de la première élection présidentielle de notre histoire. Après son coup d'État (1851), il se rapproche surtout des monarchistes face à la résistance républicaine.

Le bonapartisme est centralisateur et met en place un pouvoir exécutif ultradominant par rapport au pouvoir législatif. Il revendique un certain antiparlementarisme, fait de mépris pour les débats et les idéologies que Napoléon Ier qualifiait volontiers d'anarchie. C'est pour les mêmes raisons que Napoléon III prévoit dans la constitution impériale de 1852 deux armes pour contourner les assemblées : la dissolution et le plébiscite.

Les principaux soutiens au bonapartisme et aux régimes napoléoniens sont venus des paysans, majoritaires dans le pays et très attachés au droit de propriété que leur avaient conféré les assemblées révolutionnaires et que consacrait le Code Napoléon (le Code civil). Ces derniers ont pu gagner une certaine autonomie vis-à-vis des élites traditionnelles par l'intermédiaire de l'administration bonapartiste. Globalement, les notables aussi se sont ralliés, et l'armée a trouvé une direction et parfois une gloire appréciée.

L'Église a soutenu Napoléon III jusqu'en 1859 par peur de l'agitation et du républicanisme. La tendance plus libérale et favorable au nationalisme italien de l'empereur, qui menaçait les États pontificaux, la détournera ensuite du régime et de la doctrine.

Les influences bonapartistes post-impériales : un vieux fond bonapartiste chez les Français

À la fin du XIXe siècle, après la chute piteuse du Second Empire (1870), les bonapartistes se rangèrent souvent au côté des nationalistes : pendant l'épisode boulangiste (crise de 1887-1889), pendant l'affaire Dreyfus (1894-1906) ou à la veille de la Première Guerre mondiale.

Le bonapartisme a cependant ceci de particulier qu'il est difficile à positionner sur une échelle droite/gauche. La préservation de certains acquis révolutionnaires s'inscrit nécessairement dans une tradition de gauche, mais le principe d'autorité évoque plus la droite, enfin la volonté d'être au-dessus des partis rend toute classification délicate.

Ce sont les circonstances qui l'ont rapproché du conservatisme et de l'autoritarisme. Louis-Napoléon Bonaparte avait d'abord pensé en 1851 s'appuyer sur les masses populaires et les républicains pour réussir son coup d'État. Devant leur hostilité, il embrassa la cause des conservateurs, des milieux catholiques et bourgeois ou aristocratiques.

Dans l'imaginaire républicain, l'expérience du Second Empire servit de repoussoir, et les fondateurs de la IIIe République avaient fait leur apprentissage politique dans l'opposition à l'Empire (Ferry, Thiers, Gambetta, Clemenceau). De là, chez eux, un rejet tenace du plébiscite (ou du référendum) et du pouvoir exécutif fort, deux éléments fondamentaux pour les bonapartistes.

Depuis 1958 cependant, certains aspects du bonapartisme se sont réincarnés dans le gaullisme : autorité de l'État, ordre et stabilité, modernisme économique, voire social, pratique du référendum, grandeur nationale… Charles de Gaulle en 1958 aurait pu faire sienne cette déclaration de Lucien Bonaparte, frère du futur Napoléon Ier pour présenter l'ambition napoléonienne en 1799 : « Le gouvernement ne veut plus, ne connaît plus de partis, et ne voit en France que des Français. »

Un texte représentatif : l'utopie impériale du « prince-président »

« Aujourd'hui, la France m'entoure de ses sympathies, parce que je ne suis pas de la famille des idéologues. Pour faire le bien du pays, il n'est pas besoin d'appliquer de nouveaux systèmes ; mais de donner, avant tout, confiance dans le présent, sécurité dans l'avenir. Voilà pourquoi la France semble vouloir revenir à l'empire.

Il est néanmoins une crainte à laquelle je dois répondre. Par esprit de défiance, certaines personnes se disent : "l'empire, c'est la guerre", moi je dis : "l'empire, c'est la paix".

C'est la paix, car la France le désire, et lorsque la France est satisfaite, le monde est tranquille […].

Je veux conquérir à la religion, à la morale, à l'aisance, cette partie encore si nombreuse de la population qui, au milieu d'un pays de foi et de croyance, connaît à peine les préceptes du Christ ; qui, au sein de la terre la plus fertile du monde, peut à peine jouir de ses produits de première nécessité. Nous avons d'immenses territoires incultes à défricher, des routes à ouvrir, des ports à creuser, des rivières à rendre navigables, des canaux à terminer, notre réseau de chemin de fer à compléter. Nous avons, en face de Marseille, un vaste royaume à assimiler à la France. Nous avons tous nos grands ports de l'Ouest à rapprocher du continent américain par la rapidité de ces communications qui nous manquent encore. Nous avons partout enfin des ruines à relever, de faux dieux à abattre, des vérités à faire triompher.

Voilà comment je comprendrais l'empire, si l'empire doit se rétablir. Telles sont les conquêtes que je médite, et vous tous qui m'entourez, qui voulez, comme moi, le bien de notre patrie, vous êtes mes soldats. »

Louis-Napoléon Bonaparte, discours de Bordeaux préparant le rétablissement de l'Empire, 9 octobre 1852

Déjà décidé à faire un coup d'État pour rétablir l'Empire, le président Louis-Napoléon Bonaparte exprime ici son apolitisme, tout comme son oncle Napoléon Bonaparte avait pu déclarer qu'il ne favoriserait « ni les blancs bonnets, ni les bonnets rouges ». Il insiste aussi sur son désir de paix, tant en Europe qu'en France, l'expérience du Premier Empire ayant laissé le souvenir de guerres incessantes et de volontés de conquêtes. Enfin, il affiche son progressisme : le bonapartisme veut apporter l'« aisance » par une politique de grands travaux, d'expansion coloniale et commerciale. La famille bonapartiste aime la grandeur et le volontarisme politique plus que les doctrines.

Votre proximité avec la famille des bonapartistes, faites le test !

Êtes-vous d'accord ou plutôt d'accord/pas d'accord ou plutôt pas d'accord avec ces propositions ? Si vous hésitez beaucoup, vous pouvez aussi répondre « ne se prononce pas ».

PATRIE ET NATION

1. Quel que soit le régime, au-dessus de tout il y a la France.

2. Il doit exister un lien direct, affectif autant que politique, entre le peuple et le chef de l'État.
3. La France n'est pas une nation comme les autres, elle a un rang à tenir, une mission à accomplir et une gloire à entretenir.
4. On ne sort des guerres civiles que lorsqu'il y a un homme providentiel qui s'impose par son charisme et son projet.
5. Le peuple est un tout que l'on ne doit pas décomposer en catégories ou sous-groupes quand on gouverne.

INSTITUTIONS

6. Le pouvoir exécutif ne doit pas être subordonné au pouvoir législatif, il doit être suffisamment autonome.
7. Même un pouvoir monarchique doit être légitimé régulièrement par sa population s'il veut durer.
8. Le chef de l'État doit disposer de pouvoirs importants pour être crédible et efficace.
9. L'armée nationale doit être l'objet de toutes les attentions d'un État souverain.
10. La constitution du pays et ses amendements ne peuvent être légitimes que s'ils sont ratifiés par un vote populaire.
11. Napoléon Ier était un génie et il a laissé une œuvre considérable digne d'admiration.

VIE POLITIQUE

12. En politique, les hommes capables de gouverner sont plus importants que les programmes et les idées.
13. Au-dessus des combinaisons entre groupes politiques ou parlementaires, il y a la volonté du peuple.
14. Le vote direct des citoyens sur une question posée directement par le chef de l'État est un bon moyen démocratique de gouverner.

ÉCONOMIQUE ET SOCIAL

15. L'État doit impulser le développement économique par la législation, le crédit, le lancement de grands travaux.
16. La liberté n'existe pas sans ordre et hiérarchie pour la soutenir.
17. Le progrès doit profiter à toutes les classes sociales sans exception. C'est un principe d'égalité.

18. Aux réformes économiques doivent correspondre des réformes sociales.

Maintenant, comptabilisez vos réponses « d'accord ou plutôt d'accord » :

- Moins de 6 : vous ne pouvez pas être qualifié de bonapartiste ! L'homme providentiel et le pouvoir vertical ne sont probablement pas votre tasse de thé.
- Entre 6 et 12 : vous n'êtes pas franchement bonapartiste mais vous avez certains points communs avec eux, des conceptions pouvant se rapprocher du jacobinisme centralisateur ou du désir d'autorité. Cela peut aussi venir de votre sentiment patriotique ou de votre fierté nationale. La proximité avec certaines formes de royalisme et la version gaulliste de la République peuvent aussi vous concerner.
- Entre 12 et 18 : vous pouvez être considéré bonapartiste ou, en tout cas, vous avez une certaine filiation. Vous êtes sensible à l'autorité, à la légitimation du pouvoir par le peuple, à la grandeur de la Nation et à la vigueur de l'État.

Pour comprendre : les bonapartistes ont-ils définitivement disparu ?

Il est tentant de considérer que la famille des bonapartistes n'existe plus. Il y a bien un héritier à la lignée des Bonaparte, un descendant de l'un des frères du premier Napoléon : Jérôme. Cet homme pourrait jouer le rôle de prétendant au trône impérial. Cependant, contrairement aux prétendants royalistes, l'intéressé a déclaré être un républicain convaincu et n'avoir aucune prétention au pouvoir. Le bonapartisme a longtemps survécu dans le berceau natal de Napoléon Bonaparte, à savoir en Corse et plus spécifiquement dans la ville d'Ajaccio. Depuis 1867, le plus souvent, le maire élu à Ajaccio est d'obédience bonapartiste, notamment après la Première Guerre mondiale sous l'étiquette du Comité central bonapartiste (CCB). Fondé en 1908, le mouvement tiendra la mairie presque sans discontinuer jusqu'en 2001. Il a connu son apogée dans les années 1970 avec la conquête de quelques autres villes corses. Il se situait au centre-droit et a dû faire alliance avec les gaullistes, puis le Rassemblement pour la République (RPR) à partir du moment où son influence a décliné. Aujourd'hui, le CCB apporte son soutien au maire élu, même si celui-ci ne fait pas partie du parti – il est divers droite. L'ironie est que Charles Napoléon qui fut l'héritier potentiel du trône impérial avait rompu avec le CCB, allant jusqu'à se présenter sur une liste concurrente de gauche en 1994.

La fidélité au bonapartisme n'est pas dans le lien dynastique en réalité. Être bonapartiste tient plus du comportement politique et de quelques idées phares. Ainsi, il est impossible de ne pas relever les similitudes du gaullisme du général de Gaulle avec le bonapartisme des Napoléon. Grandeur de la politique extérieure, autorité de l'État, centralisation, hégémonie du pouvoir exécutif, personnalisation du pouvoir, volonté de se situer au-dessus des groupes partisans, recours au vote direct du peuple sont autant de points communs entre la pratique du président de Gaulle et celles des deux empereurs du XIXe siècle. En quelque sorte, le gaullisme serait du bonapartisme sans Bonaparte, mais plus pertinent encore, du bonapartisme dans le respect de la République sans recours à l'empire.

La question reviendrait alors à se demander si les gaullistes ont définitivement disparu.

CHAPITRE 3

LA FAMILLE NATIONALISTE : UN ACCOMMODEMENT DIFFICILE AVEC LA DÉMOCRATIE

Au programme :

- Une tradition : le rejet de la démocratie libérale
- Vers une forme de « dé-libéralisation » : la démocratie sans le libéralisme politique
- Un texte représentatif : la révolution nationale selon Pétain
- Un membre de la famille nationaliste : Éric Zemmour

Informations clés

- **Dates** : 1887-1889 – crise boulangiste ; 1899 – Ligue de la Patrie française (antidreyfusarde) ; 1905 – naissance de la ligue d'Action française ; 6 février 1934 – grande manifestation des ligues ; 10 juillet 1940 – début du régime dit de Vichy (Pétain) ; 1956 – flambée électorale poujadiste ; 1961 – création de l'Organisation de l'armée secrète (OAS) dans le contexte de la guerre d'Algérie ; 1972 – fondation du Front national (FN) par Jean-Marie Le Pen ; 2002, 2017 et 2022 – le candidat du FN puis du Rassemblement national (RN) au second tour de l'élection présidentielle.
- **Principaux partis contemporains** : Rassemblement national, Reconquête!, Debout La France, Les Patriotes.
- **Principales personnalités contemporaines** : Marine Le Pen (RN), Jordan Bardella (RN), Éric Zemmour (Reconquête!).

« Seul le nationalisme possède les fondamentaux pour incarner une véritable alternative économique et sociale [...] à la déferlante mondialiste et ultra-libérale. »

Alain Soral

Les membres de la famille nationaliste se situent à l'extrême droite. Les idéologies de ce courant sont dans la radicalité et la volonté de rompre avec le régime en place, toutefois ici il s'agira d'une rupture de nature réactionnaire (au contraire de l'extrême gauche qui veut une rupture révolutionnaire), pour revenir à une situation antérieure jugée meilleure, une sorte d'âge d'or, avec des valeurs supérieures à celles du temps présent.

Ici, comme pour l'extrême gauche du reste, les sources d'inspiration sont diverses, et le courant politique a connu ou connaît encore des divisions persistantes. Cependant, on peut essayer de dégager des constantes dans l'histoire des branches de l'extrême droite en France, dont le dénominateur commun est le nationalisme.

Une tradition : le rejet de la démocratie libérale

Les courants d'extrême droite sont multiples, mais ils ont certains gènes communs qui sont des marqueurs de leur appartenance à la même famille : un nationalisme xénophobe, un penchant antiparlementariste, un goût pour l'autoritarisme.

À chaque courant sa source historique

La première source de l'extrême droite est dominée par l'Action française, fondée en 1898 et la figure intellectuelle de Charles Maurras. C'est le monarchisme du nationalisme intégral, la condamnation de la Révolution française, la volonté de reconstituer les corps intermédiaires, c'est-à-dire placés entre l'État et l'individu, comme les corporations que mettront en place aussi bien Mussolini en Italie que Pétain en France. L'Action française est contre la démocratie parlementaire, cause à ses yeux de l'impuissance politique et de la médiocrité sociale. Elle est antisémite et anti-maçons : juifs et francs-maçons sont tenus pour responsables de la Révolution française. Elle porte une vision décliniste : elle est obsédée par le déclin de la France qui aurait commencé avec la Révolution.

C'est une force intellectuelle considérable à partir de sa création pendant l'affaire Dreyfus, avec un relais dans la rue, les Camelots du roi (classés parmi les ligues d'extrême droite dans l'entre-deux-guerres) et un organe de presse, *L'Action française*. Elle garde jusqu'à la Libération une influence évidente dans l'armée, l'Église et les milieux catholiques. Pour cette extrême droite, la question du régime est cruciale, il ne saurait s'agir d'une république élective, il ne saurait s'agir d'une république laïque et anticléricale donc anticatholique, et la tentation du coup de force est grande chez ses dirigeants et ses militants. C'est bien l'affaire Dreyfus qui réveille cette tendance réactionnaire de l'extrême droite, qui change la donne en mettant à l'offensive une droite radicale qui n'est pas républicaine, qui rejette la démocratie.

Aujourd'hui, cette source est marginalisée, le Rassemblement national (RN), la grande force politique de la droite radicale, n'est ni royaliste ni formellement antirépublicaine.

La deuxième source est le fascisme, présent dans certaines ligues des années 1930, mais les fascistes français sont alors peu nombreux et divisés. Leurs idées s'expriment dans des journaux, tel *Je suis partout*, particulièrement antisémite pendant l'Occupation, et par des défilés paramilitaires. Son représentant le plus emblématique est sans doute Jacques Doriot, passé du communisme au fascisme, fondateur du Parti populaire français (PPF) en 1936, et qui se rêve en Führer français pendant la guerre de 1939-1945. Jamais très puissant, le courant fasciste reste insignifiant aujourd'hui.

Ces deux sources seront largement discréditées et marginalisées après 1943 à cause de leur proximité avec le régime de Vichy et leur propension à collaborer pendant l'Occupation, malgré leur vieux penchant antigermanique.

La troisième source, apparue dans les années 1950-1960, est l'Algérie française, doctrine partagée par de nombreux pieds-noirs (les personnes d'origine européenne vivant en Algérie puis rapatriées en France), mobile d'action de l'Organisation de l'armée secrète (OAS) qui multiplie les attentats contre les Algériens et les représentants des autorités républicaines dès lors que l'abandon de l'Algérie est acté par le pouvoir gaullien après 1958. Elle nourrit le vote pour Jean-Louis Tixier-Vignancour aux élections présidentielles de 1965 (un peu plus de 5 % des suffrages exprimés). Si le rêve impérial ne fait plus partie du logiciel de l'extrême droite de nos jours, il en reste quelque chose dans la volonté de garder la France au rang des grandes puissances et dans la dénonciation d'un prétendu « grand remplacement », sorte de colonisation à l'envers par les immigrés installés en France.

La quatrième source est l'antifiscalisme, origine du poujadisme des années 1950, et par extension la défense des petits commerçants, petits entrepreneurs, petits agriculteurs, avec la mise en avant de la valeur travail, de la propriété privée et une défiance vis-à-vis de l'ingérence de l'État : ses réglementations, ses taxes, sa bureaucratie. Cette source est encore parfaitement compatible avec la synthèse populiste dont le Front national (FN) semble porteur depuis 2014.

La famille d'extrême droite, historiquement divisée, composée de foyers groupusculaires conscients de leur faiblesse réciproque, décide de s'unir au début des années 1970. Elle est plus unie que jamais dans son histoire après 1972.

Un rassemblement dans une même famille

Cette unification de courants divers est le fait de Jean-Marie Le Pen qui fonde le FN en 1972. À sa création, ce parti fédère en effet des branches diverses et parfois hostiles : les mouvements de commerçants et d'artisans dénonçant le fiscalisme et le développement des grandes surfaces commerciales à partir des années 1960 ; des nostalgiques de Vichy (pétainistes, collaborationnistes) ou de l'Algérie française (colonialistes, ex-membres de l'OAS) ; des monarchistes ultracatholiques ; des occidentalistes païens et anti-américains ; des nationalistes anticommunistes.

À partir d'une juxtaposition des vieux courants de l'extrême droite évoqués précédemment, Jean-Marie Le Pen forge une sorte de national-populisme, et, d'une position de repli, il fait passer l'extrême droite à un dynamisme conquérant.

La résurrection d'un parti structuré et durable à l'extrême droite au début des années 1970 ne tient probablement pas du hasard. Depuis 1945, et encore plus avec la présence du général de Gaulle à la tête de la République de 1958 à 1969, l'expression d'une extrême droite forte est rendue très difficile, parce qu'elle manque d'espace politique (en dehors de courtes périodes de crise). Le gaullisme en effet a repris une large partie de l'héritage nationaliste et a réussi à intégrer le nationalisme républicain dans le régime. Avec le départ du général de Gaulle et la dilution du gaullisme, conjointement à l'affaiblissement de l'État-nation à cause de l'extension des prérogatives de la Communauté économique européenne (CEE) puis plus encore de l'Union européenne et de la globalisation, un projet national-républicain peut ainsi renaître : l'espace politique se libère. À partir d'un amalgame de courants dont certains pourtant issus de l'antirépublicanisme, Jean-Marie Le Pen va réinvestir un champ politique laissé en friche.

Lorsque le FN accède pour la première fois au second tour d'une élection présidentielle en 2002, un réflexe général de défense républicaine conduit à la constitution d'un front anti-Front, la classe politique, tout comme les médias, considérant Jean-Marie Le Pen et son parti comme non républicains. Pourtant, le principal intéressé demande la création d'une VIe République (ce qui n'est pas l'expression d'un antirépublicanisme) fondée sur la démocratie directe (il ne s'agit plus d'exprimer une haine de la démocratie). Faut-il en conclure que la nature de l'ultra-droite nationaliste a changé ?

Le mot « République » est en fait entré dans le vocabulaire de l'extrême droite, surtout à partir de la fin des années 1990 sous l'influence de Bruno Mégret, puis s'est définitivement imposé sous l'impulsion de Florian Philippot entre 2012 et 2017, sous la présidence de Marine Le Pen. La République est banalisée mais pas rejetée, et celle-ci termine tous ses discours par un traditionnel « Vive la République et vive la France[5] ! ».

Bertrand Joly, dans sa contribution au *Dictionnaire critique de la République*[6], a le mérite de nous rappeler que, depuis les tout débuts du régime républicain en France, il existe « un nationalisme authentiquement républicain, même si sa conception de la République s'écarte sensiblement de la définition officielle du régime ». Le RN du xxie siècle, héritier du FN, semble en porter les gènes : un antiparlementarisme qui oriente vers le recours à une démocratie plus directe (référendum d'initiative populaire, par exemple), pas incompatible avec un exécutif fort, l'anglophobie d'autrefois encore perceptible dans une défiance vis-à-vis des Anglo-Saxons pouvant confiner à l'anti-américanisme,

5. Tandis que son nouveau rival à l'extrême droite en 2022, Éric Zemmour, termine les siens par : « Vive la République, et surtout, vive la France ! »

6. Vincent Duclert et Christophe Prochasson (dir.), *Dictionnaire critique de la République*, Flammarion, 2007, p. 393-399.

un patriotisme virant facilement au rejet des étrangers dans la « préférence nationale » parfois édulcorée en « priorité nationale », et une mentalité d'opposant systématique envers un pouvoir toujours suspecté d'oublier l'intérêt des Français.

C'est sur ces derniers points que le RN de Marine Le Pen montre le plus son orientation vers une sorte de populisme républicain. J'entends par là la conviction exprimée (qu'elle soit feinte ou sincère) que le « peuple » a en lui des valeurs et des ressources plus à même de préserver l'intérêt général que l'égoïsme, l'incompétence ou la cupidité des dirigeants en place.

Pour comprendre : quelle différence doit-on faire entre nationalisme et patriotisme ?

La limite entre les deux est fine mais mérite d'être distinguée.

Le nationaliste pense d'abord à son pays, à sa nation. Elle doit passer avant toutes les autres tout le temps. Le rôle de l'État est de la protéger, de la faire prospérer, et tant pis si cela doit se faire aux dépens des autres. Cela peut paraître égoïste, mais le nationaliste pense que ce n'est que du réalisme. Les autres États ne vont pas se gêner pour procéder de même, il y a une compétition inévitable entre intérêts nationaux. Ne pas l'admettre, c'est faire preuve de naïveté et c'est au détriment de son pays. L'application de ce nationalisme à l'intérieur implique de distinguer les nationaux des étrangers vivant sur le territoire national : leurs droits peuvent différer. De plus, pour protéger sa nation, il faut limiter et contrôler l'immigration, car celle-ci est vue comme une menace. Les immigrés et leurs descendants risqueraient de ne pas avoir la même ardeur à défendre le pays. Aussi, trop d'immigrés et des immigrés trop différents (culturellement), cela risque de pervertir le « génie national » ou la « pureté de la race » ou la « force de la culture nationale ». Le nationaliste rejette donc l'étranger : celui de l'extérieur est notre compétiteur, voire notre ennemi ; celui de l'intérieur se transforme vite, dans son esprit, en « parasite » ou en « traître ».

Le patriote aime sincèrement son pays, ses compatriotes (sa patrie). Toutefois, s'il pense important de le défendre, notamment s'il est en danger, il croit qu'une entente est possible entre nations et États, que l'on peut chercher la coopération internationale et espérer un développement harmonieux des nations dans le monde. Il ne se considère pas comme naïf mais comme responsable, pacifiste et internationaliste. Sa position sur les étrangers est de ce fait différente, elle est ouverte. Il n'est pas hostile au brassage des cultures, pour la raison qu'il peut permettre la compréhension mutuelle, donc les coopérations et la paix. Il peut, à des degrés divers, accepter la supranationalité de l'Union européenne et le droit international issu de l'Organisation des Nations unies (ONU), ce qui est plus difficile pour un nationaliste. La différence vient du fait que le patriote conçoit la nation davantage comme un ensemble de personnes désireuses de vivre ensemble ou vivant sur le même territoire au-delà des différences, tandis que le nationaliste la considère comme relevant de critères ethniques, religieux ou historiques.

Historiquement, l'extrême droite française est nationaliste, les gaullistes sont patriotes. D'où leur opposition « à mort » dans les années 1940 (Pétain versus de Gaulle), puis dans les années fin 1950-début 1960 (OAS versus de Gaulle). Aujourd'hui, sur cette question, la confusion règne : un parti très nationaliste a pris pour nom Les Patriotes, la droite censée porter l'héritage du gaullisme flirte avec le nationalisme (Les Républicains [LR]), la majorité de la gauche, qui a inventé les deux concepts à la Révolution, ne se reconnaît plus dans aucun des deux.

Vers une forme de « dé-libéralisation » : la démocratie sans le libéralisme politique

La crise économique a favorisé l'émergence électorale du FN, première résurgence durable de l'extrême droite depuis 1944, à partir de 1983.

Une communication anti-immigration et antisystème (Jean-Marie Le Pen fustigeait la « bande des 4 » : PCF-PS-UDF-RPR, devenue ensuite l'« État UMPS ») permet de fédérer les voix des mécontents. Malgré des scissions et des partis concurrents, le FN avec son chef Jean-Marie Le Pen a toujours brillé aux premiers tours des élections présidentielles depuis 1988 : 14 % en 1988, 15 % en 1995, 17,5 % en 2002, ce qui lui vaut, date historique, une présence au second tour, 10 % en 2007 et

18,5 % en 2012, avec cette fois Marine Le Pen, sa fille, comme candidate.

Le FN, sous la présidence de Marine Le Pen, axe davantage sa communication contre l'islam (parlant d'une « islamisation de la société ») et pour la défense de la laïcité – principe jusque-là très ancré à gauche qu'elle parvient à faire sien dans un habile retournement, au nom des valeurs françaises.

Comme au temps du boulangisme, le FN, puis le RN attirent une bonne partie du vote des classes moyennes inférieures, soit qu'elles cherchent à exprimer un vote protestataire, soit qu'elles espèrent un changement radical pouvant améliorer leurs conditions de vie, dans une période où se succèdent les crises (économiques, sanitaires, sociales). L'élitisme, marqueur dominant de l'extrême droite avant la Seconde Guerre mondiale, aussi bien à Action française que dans l'expérience pétainiste des années 1940, est demeuré latent à la création du FN en 1972. Le grand changement, c'est qu'il n'est plus aujourd'hui revendiqué par le RN, lequel, au contraire, oppose le peuple aux élites et prétend être aux côtés du premier.

La prise en main du parti par la fille de Jean-Marie Le Pen a généré d'autres évolutions qui vont toutes dans le sens d'un populisme à la fois sur le fond et sur la forme. Sur la forme, par une entreprise dite de dédiabolisation du mouvement. Marine Le Pen multiplie les selfies avec les gens ordinaires, se montre toujours souriante, est bien plus moderne que son père sur les sujets de société comme l'avortement ou le mariage pour tous. Sur le fond, le nationalisme est moins exacerbé, il n'est plus question de quitter l'Union européenne ou la zone euro. La rhétorique ne tourne plus autour des valeurs civilisationnelles et la peur de l'étranger, mais sur la défense du peuple (français) contre les élites (mondialisées). On peut croire à un simple glissement sémantique qui jure avec les traditions de l'extrême droite mais pas avec les habitudes : on n'emploie plus les mêmes mots mais on désigne les mêmes choses. Pourtant, ce glissement a paru suffisamment iconoclaste pour susciter la création en 2022 d'un nouveau parti sur la droite du RN, le parti Reconquête! d'Éric Zemmour. Plus fidèle aux thèmes traditionnels de la mouvance, ce nouveau venu, qui peine encore à concurrencer le RN, a aussi un recrutement et un électorat nettement plus bourgeois.

Avant les élections législatives de juin 2022, le RN n'a que 8 députés à l'Assemblée nationale du fait du mode de scrutin majoritaire, mais il dirige déjà des villes et siège dans de nombreuses collectivités locales, ainsi qu'au Parlement européen. On peut ainsi parler de notabilisation d'un parti qui représentait à l'origine une forte identité anti-régime. L'élection de 89 députés aux législatives de 2022, au scrutin majoritaire, est une étape décisive dans ce processus d'intégration à la République qui semble se confirmer avec les 125 sièges obtenus aux législatives de 2024. L'analogie avec le Parti communiste français (PCF) d'autrefois saute aux yeux. Le RN, qui réussit électoralement sur les mêmes territoires que jadis le PCF, aura-t-il dans l'avenir plus de réussite que lui ? Pourra-t-il se défaire de la démocratie républicaine ? Ou parviendra-t-il à la transformer radicalement ? Toute chose que le PCF n'est jamais parvenu à faire.

Tout dépendra évidemment de sa capacité à accéder au pouvoir et à gouverner le cas échéant. Il semblerait que, déjà de moins en moins solide, le front républicain mis en place en 2002 pour faire barrage à l'extrême droite ne fonctionne plus, comme l'a montré le second tour de l'élection législative de 2022. Et lorsqu'il fonctionne, comme en 2024, c'est seulement pour faire barrage, mais il ne permet pas de déboucher sur une coalition de gouvernement. Même si son succès électoral s'est confirmé lors de l'élection présidentielle (pour la seconde fois, Marine Le Pen a accédé au second tour où elle a fait plus de 40 % des suffrages exprimés), l'implantation locale du mouvement reste inachevée.

Toutefois, le parti a désormais le premier groupe d'opposition à l'Assemblée nationale, et de l'attitude de ses députés dépendra la légitimité future à gouverner que l'électorat accordera à cette famille politique. L'hypothèque judiciaire qui risque de priver Marine Le Pen de course présidentielle en 2027 du fait de sa condamnation à une peine d'inéligibilité peut avoir cependant un impact très négatif sur une famille pour laquelle le chef a toujours été un élément du succès.

Un texte représentatif : la révolution nationale selon Pétain

> « *[…] Le régime électoral représentatif, majoritaire, parlementaire, qui vient d'être détruit par la défaite, était condamné depuis longtemps par l'évolution générale et accélérée des esprits et des faits dans la plupart des pays d'Europe et par l'impossibilité démontrée de se réformer. En France, il donnait tous les signes de l'incohérence […]. L'inconscience en matière de politique étrangère ajoutait à ces signes un présage de catastrophe.*
>
> *Cette catastrophe est une conclusion ; nous sommes dans l'obligation de reconstruire […] un nouveau corps politique qui devra être radicalement différent de celui qui était le moteur sans frein et sans responsabilité de l'ancienne Constitution […].*
>
> *Les problèmes à résoudre découlent les uns des autres.*
>
> *Le premier consiste à remplacer le "peuple souverain" exerçant des droits absolus, dans l'irresponsabilité totale, par un peuple dont les droits dérivent de ses devoirs. Un peuple n'est pas un nombre déterminé d'individus, arbitrairement comptés au sein d'un corps social […].*
>
> *Un peuple est une hiérarchie de familles, de professions, de communes, de responsabilités administratives, de familles*

spirituelles, articulées et fédérées pour former une patrie animée d'un mouvement, d'une âme, d'un idéal, moteurs de l'avenir, pour produire, à tous les échelons, une hiérarchie des hommes qui se sélectionnent par les services rendus à la communauté, dont un petit nombre conseillent, quelques-uns commandent et, au sommet, un chef gouverne.

[...] Je me propose de recomposer un corps social d'après ces principes. Il ne suffira plus de compter les voix. Il faudra peser leur valeur pour déterminer leur part de responsabilité dans la communauté. Ces premiers principes donnent à la révolution nationale une de ses significations essentielles. »

Maréchal Pétain, *Paroles aux Français. Messages et écrits* (1934-1941), Lardanchet, 1941

Dans ce qui devait être les grandes lignes d'un projet de nouvelle constitution pour la France, Pétain exprime clairement son rejet du régime républicain précédent, vu comme responsable de la défaite de 1940. L'extrême droite d'alors veut remplacer le suffrage universel dans lequel un homme vaut une voix par la reconnaissance, au-dessus des individus, de corps intermédiaires (familles, églises, collectivités locales, corps de métiers). Le suffrage s'envisage comme inégalitaire, avec une nature corporatiste et de délégation, respectant une hiérarchie sociale censée devoir être éternelle. Quant à la branche exécutive, elle appartiendrait à un seul, le chef, préfigurant un régime de type autoritaire.

Pour comprendre : quelle est la différence entre un conservateur et un réactionnaire ?

Le conservateur veut conserver les choses en l'état. Il se méfie, voire refuse les évolutions à venir, ne souhaite pas les préparer, les anticiper ni les accompagner par des nouvelles lois, des nouvelles régulations. Il vise à la préservation de ce qui est et de ce qui est acquis.

C'est un comportement qui, en quelque sorte, définit la droite. En 1792, les députés qui se satisfont de la Constitution de 1791 qui a créé une monarchie tempérée sont des conservateurs. Ils s'opposent aux réformistes ou aux révolutionnaires qui pensent que la monarchie n'a plus de raison d'être et qui veulent une république. Ils sont « la droite ».

Aujourd'hui, à droite, on considère que la république, la démocratie, les libertés, la Constitution, telles qu'elles sont, sont à conserver, à protéger, sans qu'il y ait besoin de les bousculer ni de les remplacer. C'est cela être conservateur.

Le réactionnaire souhaite une réaction, c'est-à-dire un retour en arrière, un retour vers ce qui était avant. Le plus souvent, il imagine dans le passé l'existence d'un âge d'or, en tout cas un temps où les choses allaient mieux. Mais il n'est pas seulement nostalgique ! Il veut réagir et effectuer une transformation, pour les plus radicaux une sorte de révolution au sens de retour à l'ancienne société. En 1792, les partisans de la monarchie absolue existent encore, ils n'ont pas accepté les changements effectués par la Révolution. Pour eux, le roi est de droit divin. Ils sont des réactionnaires.

C'est un comportement qui, en quelque sorte, définit l'extrême droite, qui considère aujourd'hui que la mondialisation a affaibli la France et qu'il faut revenir à un État souverain, détaché de ses liens avec l'Union européenne, protectionniste, avec des frontières fermées à l'immigration. En termes de mœurs et de société, beaucoup admettent difficilement les lois libérales récentes sur le mariage pour tous, les droits à l'avortement, les lois antidiscrimination.

Votre proximité avec la famille des nationalistes, faites le test !

Êtes-vous d'accord ou plutôt d'accord/pas d'accord ou plutôt pas d'accord avec ces propositions ? Si vous hésitez beaucoup, vous pouvez aussi répondre « ne se prononce pas ».

HISTOIRE ET PASSÉ

1. Historiquement, la France a trop souvent cédé face à l'Angleterre et à l'Allemagne.
2. On ne rend pas assez hommage à nos aïeuls et à nos morts.
3. Tout n'a pas été négatif dans l'expérience du gouvernement de Vichy (État français du maréchal Pétain).
4. La plus grande héroïne française est Jeanne d'Arc.

5. On ne respecte plus assez les traditions et les coutumes françaises ou locales.

RACISME ET IMMIGRATION

6. Il existe aussi un racisme antifrançais.
7. L'immigration, devenue massive, menace l'identité française.
8. Les aides sociales devraient aller en priorité aux Français, il faut en exclure les étrangers ou, au moins, certains étrangers.
9. Il y a un lien assez évident entre immigration et délinquance : l'immigration crée de la délinquance.
10. Il y a un lien assez évident entre immigration et chômage : l'immigration crée du chômage.

INDÉPENDANCE NATIONALE

11. L'armée doit être l'objet de toutes les attentions de la part du gouvernement civil car elle assure notre défense.
12. L'Union européenne a pris trop de souveraineté à la France, il faut la réformer et « renationaliser » certaines politiques.
13. Le protectionnisme protégerait l'emploi en France.

ÉTAT ET ADMINISTRATION

14. Le droit à la sécurité est le premier droit du citoyen, c'est pour cela qu'il faut de l'ordre et de l'autorité.
15. Les élus politiques de tout bord sont très majoritairement corrompus.
16. Il y a trop de bureaucratie et de fonctionnaires en France.
17. Il faut redonner la parole au peuple et qu'il se choisisse un chef.
18. La France souffre de fiscalisme : trop d'impôts et des impôts trop lourds.

Maintenant, comptabilisez vos réponses « d'accord ou plutôt d'accord » :

- Moins de 5 : vous avez sûrement horreur du nationalisme. Ce n'est pas votre famille et peut-être plutôt une idée à combattre.
- Entre 5 et 12 : vous n'êtes pas à proprement parler nationaliste ou d'extrême droite mais vous avez un certain goût pour l'autorité et les traditions françaises. Vous vous méfiez de l'évolution des mœurs.

Vous ne semblez quand même pas prêt à tout accepter pour revenir à plus d'ordre, de stabilité et de patriotisme.

- Entre 13 et 18 : vous êtes un proche de la famille nationaliste ou même vous en êtes membre. Vous êtes très critique vis-à-vis de l'État et des institutions actuels, de la vie politique et parlementaire. Vous pensez sans doute qu'il y aurait besoin d'une reprise en main.

Un membre de la famille nationaliste : Éric Zemmour

Éric Zemmour est né le 31 août 1958. Il a été à la fois journaliste, essayiste, éditorialiste et polémiste avant de devenir homme politique. Il a travaillé pour la presse écrite, notamment au *Quotidien de Paris* de 1986 à 1994, au *Figaro* de 1996 à 2009. Mais sa notoriété a surtout grandi grâce à la télévision : I-Télé, France 2 de 2006 à 2011 et surtout CNews de 2019 à 2021 où il officie comme chroniqueur quotidien. Il a rédigé des essais à succès qui, additionnés à des déclarations dans les médias qui ont suscité la polémique, lui ont valu des condamnations en justice, notamment pour « provocation au racisme », « incitation à la haine » et « injure raciste ». Il est aussi l'auteur de biographies d'hommes politiques de droite : Édouard Balladur et Jacques Chirac.

Son entrée en politique a lieu en 2021. Il se présente à l'élection présidentielle de 2022 et fonde pour cela le parti Reconquête! avec lequel il vise à l'union des droites, sur des thèmes identitaires et nationalistes. Il obtient au premier tour 7,07 % des suffrages exprimés. Sa candidature est très tôt soutenue par des personnalités de l'ultradroite telles Patrick Buisson et Jacques Bompard. Puis sont venus des ralliements de personnalités de la droite la plus conservatrice : Christine Boutin, Jean-Frédéric Poisson, des ex-membres du Front national, dont Marion Maréchal, des proches de La Manif pour tous et le souverainiste Philippe de Villiers. En somme, il attire à lui les identitaires de la droite, ainsi que quelques anciens fillonistes. Pour le second tour de l'élection, Éric Zemmour appelle à voter Marine Le Pen. Après son échec à passer le premier tour, il perd une partie de ses soutiens, surtout parmi les plus modérés d'entre eux.

Le contenu idéologique de son programme place Éric Zemmour dans la famille des nationalistes, dans sa branche identitaire. Dans son livre *Le Suicide français* paru en 2014, il critique la féminisation (ou la « dévirilisation ») de la société, « l'angélisme » de l'antiraciste, l'affaiblissement de l'État-nation français, les valeurs de la génération Mai-68. Il dénonce ce qu'il juge être l'influence grandissante de l'Islam en France. Il affirme adopter le « point de vue français », ce qui l'autorise à relativiser les méfaits du pétainisme et à accepter la colonisation (violente) de l'Algérie par la France. Pendant la campagne présidentielle, il se pose en « dissident » auquel la justice reproche d'exprimer son opinion. Il appelle à un rassemblement de la droite populaire et bonapartiste, de ceux qu'il considère comme les « patriotes ». Son programme se focalise sur l'arrêt de toute immigration, prévoyant la suppression du droit du sol, la fin du regroupement familial, la préférence nationale pour l'attribution des prestations sociales.

Éric Zemmour se définit comme « bonapartiste » ou « gaullo-bonapartiste ». Je n'ai pourtant pas choisi de l'assimiler à ces familles politiques, car sa conception très restrictive de la nationalité ne correspond pas à la tradition de ces deux courants politiques. Il rappelle bien davantage le positionnement d'un Charles Maurras ou d'un Maurice Barrès : un intellectuel passeur des idées nationalistes auprès d'un large public. Lui-même réfute l'étiquette d'extrême droite et se compare volontiers au Rassemblement pour la République (RPR) du début des années 1990. Il apparaît pourtant bien plus radical au point de faire passer Marine Le Pen pour une modérée.

Il concentre son discours sur une rhétorique anti-islam (sans distinction claire entre islam et islamisme), dans laquelle le musulman a remplacé le juif. Il a pu déclarer qu'il faut au musulman « choisir entre l'Islam et la France », traduction d'un nationalisme purement identitaire, ce qui tranche avec Marine Le Pen qui admet que la qualité de musulman peut être compatible avec celle de Français. Le nationalisme de Marine Le Pen peut être qualifié d'assimilateur, celui d'Éric Zemmour d'exclusif. Son point commun avec le bonapartisme demeure peut-être dans le fait qu'il croit à l'action décisive des grands hommes, à l'unité de la Nation comme valeur cardinale, à un souverainisme intégral. En revanche, son nationalisme est un combat contre la décadence, aux accents tellement typiques de l'extrême droite classique anti-Lumières, contre-révolutionnaire et anti-universaliste, avec une conception ethnique de la Nation. Il est aussi hostile à l'État de droit qui, selon lui, entrave l'action politique, et promeut l'application de la raison d'État, ce qui n'est pas sans rappeler les positions antidreyfusardes de la fin du XIXe siècle. Par un revirement inattendu, ce combat contre l'État de droit est repris en 2025 par les partisans de Marine Le Pen qui considèrent maintenant eux aussi qu'il permet un abus de pouvoir par les juges, depuis que ceux-ci l'ont condamnée à une peine d'inéligibilité pour faits de corruption. Va-t-on vers un rapprochement des deux branches nationalistes sur cette base ?

CHAPITRE 4

LA FAMILLE ANARCHISTE : LA DÉMOCRATIE SANS AUTORITÉS

Au programme :

- Ses liens avec le socialisme : l'espoir d'un monde plus égalitaire
- Ses liens avec le syndicalisme : l'action plutôt que le pouvoir
- Une manifestation contemporaine de l'anarchisme : les *black blocs*
- Un texte représentatif : un anarchisme mutuelliste et fédéraliste

Informations clés

- **Dates :** 1840 – Pierre-Joseph Proudhon publie *Qu'est-ce que la propriété ?* ; 1869 – Michel Bakounine publie le *Catéchisme du révolutionnaire* ; 1871 – l'anarchie est l'une des forces de la Commune de Paris ; 1892-1894 – vague d'attentats anarchistes en France ; 1914 – création de la Fédération anarchiste ; mai-juin 1968 – l'anarchie est l'une des composantes du gauchisme.
- **Principaux partis :** il n'existe pas de parti politique anarchiste, ce qui serait un non-sens, mais la Confédération nationale du travail (CNT), une fédération de type syndical, est toujours très présente dans les mouvements sociaux.
- **Principaux chefs de partis :** aucun, un anarchiste a du mal à reconnaître ou à élire un chef !

« *Quiconque nie l'autorité et la combat est anarchiste.* »

Sébastien Faure

L'anarchisme est un mouvement de pensée fondé sur le refus de l'ordre établi et sur l'exaltation de la liberté individuelle. Il s'épanouit dans l'absence d'autorité, d'où un refus de l'obéissance aux autorités constituées : l'État, l'Église, l'Armée, l'École…

Ses liens avec le socialisme : l'espoir d'un monde plus égalitaire

En France, l'anarchisme a été sous l'influence de Pierre-Joseph Proudhon qui a écrit dans *Qu'est-ce que la propriété ?* : « la propriété, c'est le vol ! ». Proudhon élabore une sorte de socialisme associatif et coopératif, d'autogestion et d'essence fédéraliste. Il est le rival de Marx dans la Ire Internationale ouvrière en 1864. Il prône l'autonomie et la solidarité. Il n'envisage pas une révolution violente pour arriver à son but qui est une société parfaitement égalitaire. Il définit l'anarchie comme un état harmonieux de la société résultant de la suppression de tout appareil gouvernemental.

L'antipatriotisme, dont ses adversaires l'accusent, est pour l'anarchiste la conséquence de son internationalisme et de son pacifisme absolu.

L'anarchiste est hostile à la démocratie de type représentatif, il défend une démocratie directe. Ce faisant, il contribue grandement à la vague d'antiparlementarisme sous la IIIe République et à la critique de la Ve République, dans laquelle le président élu par les citoyens concentre les pouvoirs.

L'anarchiste est aussi antimarxiste parce qu'il refuse de donner le pouvoir à une minorité d'avant-garde, il n'admet pas la centralisation et la soumission au Parti. Il a horreur de la bureaucratie.

L'anarchisme a compté dans de nombreux événements et actions politiques tout au long de l'histoire démocratique française. Pendant la Commune de 1871, il est l'une des tendances, pacifiste et autogestionnaire. Entre 1892 et 1894, les anarchistes français se lancent dans des actions terroristes, parmi lesquelles l'assassinat du président Sadi Carnot en 1894. Devant l'échec de la stratégie terroriste, les anarchistes se déploient ensuite dans le syndicalisme. L'anarchisme est l'un des courants dans la Confédération générale du travail (CGT) créée en 1895 et, depuis 1948, dans une autre centrale syndicale : Force ouvrière (FO). Il a ses relais dans la presse (presse anarchiste, journal *Libération* des années 1970, *Le Canard enchaîné*, *Charlie Hebdo*…). À partir de mai 1968, les anarchistes se retrouvent avec les libertaires, les féministes, les autonomes, et dans la mise en avant de l'autogestion, de l'écologie…

Ses liens avec le syndicalisme : l'action plutôt que le pouvoir

Aujourd'hui, une fédération rassemble les syndicalistes anarchistes, présents dans la rue dans la plupart des manifestations et des luttes sociales : la Confédération nationale du travail (CNT).

C'est justement dans la rue, dans l'entreprise, dans les quartiers, par l'action directe (et quelques fois dans le terrorisme) que l'anarchisme s'exprime et entend transformer la société, à partir de la base populaire et sans nécessairement passer par le piège du suffrage universel (rappelons-nous un des slogans de juin 1968 : « Élection, piège à cons ! »).

Beaucoup d'anarchistes appellent de leurs vœux un « grand soir » révolutionnaire, une vaste grève générale dans la « convergence des luttes ». En ce début de XXIe siècle, on retrouve ce courant parmi les militants des forums mondiaux de nature altermondialiste, voire antimondialiste et nationalement dans un mouvement social (défense des acquis sociaux et utopie d'un monde plus juste) comme Nuit Debout en 2016.

Pour comprendre : qu'est-ce que l'anarcho-syndicalisme ?

C'est un syndicalisme fondé sur les principes de l'anarchisme. Le syndicalisme dans sa forme classique (négociations pour défendre les intérêts des travailleurs) se double d'une action directe et de l'organisation patiente de la grève générale qui aboutira à l'expropriation des capitalistes.

L'action syndicale est jugée plus importante que l'action politique et tend vers l'autogestion des entreprises. Le syndicat doit être totalement indépendant de tout parti politique, même des partis dits ouvriers.

L'anarcho-syndicalisme a posé sa marque sur le développement syndical en France, et plus encore en Espagne. Son but est l'abolition du capitalisme et de l'État pour réaliser l'émancipation des travailleurs.

C'est l'un des courants fondateurs de la CGT, rejeté par la tendance communiste, surtout après 1920. Après la Seconde Guerre mondiale, elle quitte la CGT pour fonder FO et la CNT.

L'anarcho-syndicalisme privilégie l'action directe : occupations d'usine, piquets de grève, boycotts, sabotages.

Depuis cinquante ans, il s'est ouvert à une démarche plus globale que la stricte action syndicale : éducation populaire, libération sexuelle, communautés autogérées. En revanche, les grandes centrales syndicales s'en sont éloignées.

Une manifestation contemporaine de l'anarchisme : les *black blocs*

Apparus dans les années 1980 à Berlin-Ouest, les *blacks blocs* sont des groupes structurés de manière éphémère pour une action directe collective violente ou non violente. Ils sont des activistes plus ou moins organisés, vêtus de noir et cherchant à agir dans l'anonymat. Leurs actions visent les symboles de l'État (bâtiments publics, par exemple) et du capitalisme (banques, multinationales), ce qui explique leur présence lors des manifestations contre le G7[7].

Compte tenu de leurs méthodes et de leurs cibles, ils peuvent être assimilés à la famille des anarchistes, ils en sont en quelque sorte les derniers rejetons, un peu turbulents.

Pour comprendre : les anarchistes peuvent-ils vivre dans une société organisée ?

Politiquement parlant, être anarchiste n'est pas vouloir vivre seul, à l'écart, sans règles, en refusant les autres et en rejetant toute vie sociale.

Les anarchistes admettent une organisation sociale, à l'image de ce que défendait Proudhon par exemple. Seulement, il s'agit d'une organisation qui viendrait de la base, des gens, des individus. La légitimité de l'organisation, et si l'on veut du gouvernement de la Cité, émane de l'association (libre) des citoyens. Tout est discuté, débattu et décidé en assemblée populaire, à stricte égalité. Le pouvoir part du bas pour monter vers le haut quand il y a fédération des assemblées locales. Dans ce schéma, le pouvoir central est *a minima* le moins bureaucratique possible et le moins autonome possible. Les grands corps d'État – l'armée, la police, les grandes écoles, l'institution judiciaire – n'ont plus de raison d'être. Le peuple se charge de tout par lui-même et dans un autogouvernement permanent. Beaucoup d'entre nous considèrent ce projet comme utopiste, c'est-à-dire idéal mais pas réalisable. D'autres le rejettent car ils y voient une « tyrannie populaire ».

7. Groupe de discussion et de partenariat économique de sept pays détenant 45 % de la richesse nette mondiale : Allemagne, Canada, États-Unis, France, Italie, Japon et Royaume-Uni.

Un texte représentatif : un anarchisme mutuelliste et fédéraliste

« Qu'est-ce que le contrat social ? L'accord du citoyen avec le gouvernement ? Non : ce serait tourner toujours dans la même idée. Le contrat social est l'accord de l'homme avec l'homme, accord duquel doit résulter ce que nous appelons la société. […] L'idée de contrat est exclusive de celle de gouvernement […]. Ce qui caractérise le contrat, la convention commutative, c'est qu'en vertu de cette convention, la liberté et le bien-être de l'homme augmentent, tandis que par l'institution d'une autorité, l'une et l'autre nécessairement diminuent. […]

Le contrat social doit être librement débattu, individuellement consenti, signé, manu proprio, par tous ceux qui y participent. »

Pierre-Joseph Proudhon, *Idée générale de la révolution au XIXe siècle*, Garnier Frères, 1851

Renversant l'analyse classique, Proudhon conçoit le contrat social comme horizontal, c'est un contrat passé par les hommes entre eux, pas un contrat du peuple avec le gouvernement. Il promeut ainsi un autogouvernement. Selon lui, c'est la condition de l'exercice de la liberté, faute de quoi les individus subissent toujours une contrainte, celle de l'autorité (gouvernementale), et c'est une oppression, une réduction de la liberté.

Votre proximité avec la famille des anarchistes, faites le test !

Êtes-vous d'accord ou plutôt d'accord/pas d'accord ou plutôt pas d'accord avec ces propositions ? Si vous hésitez beaucoup, vous pouvez aussi répondre « ne se prononce pas ».

HISTOIRE

1. L'échec de la Commune de Paris en 1871 a été une occasion perdue de démocratiser la France.
2. Mai-68 a été un grand moment d'exercice de la liberté.

ORGANISATION SOCIALE ET POLITIQUE

3. L'absence de pouvoir venant d'en haut ne signifie pas automatiquement désordre.
4. La propriété privée est mère de toutes les injustices sociales.
5. Le système mutualiste est le plus efficace pour couvrir les risques collectifs.
6. Les entreprises pourraient très bien être autogérées par leurs employés (les travailleurs).
7. Le gouvernement représentatif aboutit toujours à la trahison des électeurs.
8. La démocratie directe vaut mieux que l'élection de représentants (la démocratie représentative).
9. L'égalité réelle, c'est chacun selon ses besoins, pas selon ses mérites.
10. La famille et l'école broient l'individu plutôt qu'elles ne l'émancipent.
11. Il faut gérer une société en évitant toute bureaucratie.
12. Les fonctionnaires nécessaires au fonctionnement social doivent tous être élus.

ACTION CITOYENNE

13. Il ne faut jamais se résoudre à l'ordre établi.
14. La religion mène à l'aliénation, on doit la combattre.
15. Le nationalisme conduit à la guerre, laquelle ne profite qu'aux exploiteurs du peuple : on doit se méfier du patriotisme.
16. Les plus démunis ont un « droit au vol » des biens de ceux qui possèdent trop.

17. La grève générale est le seul moyen de réussir la révolution sociale.
18. Il y a des cas où l'insoumission aux lois s'impose (ne plus payer l'impôt, les loyers, ne pas faire son service militaire, occuper un lieu voué à une destruction écologique).

Maintenant, comptabilisez vos réponses « d'accord ou plutôt d'accord » :

- Moins de 4 : vous détestez les anarchistes ou vous ne les comprenez pas. Ce n'est pas votre famille mais bien plutôt des étrangers.
- Entre 5 et 12 : vous n'êtes pas « anar » mais vous avez un certain esprit libertaire. Vous vous méfiez des autorités trop rigides ou lointaines. Vous ne semblez quand même pas prêt à la grève générale !
- Entre 13 et 18 : vous êtes un proche de cette famille, voire vous en êtes membre. Vous êtes très critique vis-à-vis de la mainmise de l'État et des institutions sur la vie des individus et vous dénoncez les injustices sociales.

CHAPITRE 5

LA FAMILLE COMMUNISTE : LA DÉMOCRATIE SANS CLASSES

Au programme :

- La scission avec le socialisme : le ralliement à la cause bolchevique
- L'intégration conflictuelle dans la République : être « en dedans » et « en dehors »
- Le Parti communiste n'a pas le monopole du communisme : les communistes de l'extrême gauche
- Un texte représentatif : les « jours heureux », promesse d'un communisme aux spécificités françaises
- Un membre de la famille communiste : Fabien Roussel

Informations clés

- **Dates :** 1920 – naissance du Parti communiste français (PCF) ; 1929 – première Fête de l'Humanité ; 1936 – soutien au gouvernement de Front populaire ; 1939 – interdiction du PCF et clandestinité ; 1941-1944 – participation active à la Résistance ; 1944-1947 – participation aux gouvernements ; 1969 – Jacques Duclos obtient 21,5 % des suffrages à l'élection présidentielle ; 1976 – abandon de toute référence à la « dictature du prolétariat » ; 1981-1984 – participation au gouvernement ; 1988-2007 – effondrement électoral ; 2022 – Fabien Roussel obtient 2,28 % des suffrages à l'élection présidentielle.

- **Principaux partis :** PCF, Nouveau parti anticapitaliste (NPA), Lutte ouvrière (LO).
- **Principaux chefs de partis :** Fabien Roussel (PCF), Philippe Poutou (NPA), Nathalie Arthaud (LO).

« La théorie du communisme peut se résumer en une seule phrase : abolissez toute propriété privée. »

Karl Marx

Le communisme prône la suppression de la propriété privée des moyens de production, voire de toute propriété privée, et la prise en charge par la collectivité ou par l'État des biens communs.

Il se nourrit du marxisme à partir de 1870, du léninisme après 1914 : les communistes sont donc issus de la grande famille des socialistes, ils en deviendront une branche spécifique, en rupture avec les autres en 1920, en se dotant d'un parti politique considéré par eux comme « l'avant-garde de la classe ouvrière ».

Pour cette idéologie, le moteur de l'Histoire est la lutte des classes et le but à atteindre est la société sans classes, passant d'abord par une étape de dictature du prolétariat. Ce courant est clairement à sa naissance hostile à la démocratie pratiquée en France, ce qui justifie sa présence dans cette première partie de mon ouvrage. L'application de cette idéologie en Union soviétique le range parmi les idéologies totalitaires. Pour autant, son évolution, son implication dans la lutte antifasciste, dans des réflexes de « défense républicaine », sa recherche d'une « voie française vers le socialisme » et sa participation dès le début au jeu électoral parlementaire obligent à le considérer aussi comme l'un des courants agissant dans le cadre démocratique et républicain français, et l'ayant influencé.

La scission avec le socialisme : le ralliement à la cause bolchevique

Bien que certaines expériences de mise en commun des biens et des moyens de production ont été tentées avant, bien que le terme même est revendiqué par Marx et Engels dès 1848 dans leur *Manifeste du parti communiste*, sa naissance idéologique officielle, comme courant autonome, date de la création en 1920 d'une Internationale communiste, concurrente de l'Internationale socialiste. Cette création émane du parti bolchevique russe qui a pris le pouvoir dans son pays en octobre 1917 et va constituer en 1922 l'Union des républiques socialistes et soviétiques (URSS). La révolution communiste mondiale est l'objectif affiché de cette nouvelle Internationale, pour en finir avec le capitalisme et sa version politique moderne, la démocratie libérale, volontiers qualifiée de bourgeoise par les communistes.

La section française de cette Internationale communiste naît au Congrès de Tours du Parti socialiste-Section française de l'Internationale ouvrière (SFIO) en décembre 1920. La SFIO doit se déterminer par rapport à la révolution russe et décider si elle adhère à la nouvelle Internationale (le Komintern ou IIIe Internationale), pilotée depuis Moscou. L'adhésion nécessite l'acceptation de vingt et une conditions.

L'ensemble des conditions impose une centralisation extrême du fonctionnement du parti, une soumission aux décisions de l'Internationale, une épuration des éléments jugés par elle trop centristes, un changement de nom du parti qui devra s'appeler « communiste » pour bien le distinguer des partis sociaux-démocrates ou socialistes (qualifiés dans le texte de l'Internationale de « jaunes », c'est-à-dire de traîtres) et une solidarité sans faille envers l'URSS, sorte de patrie de tous les communistes. Les conditions sont présentées comme répondant au contexte de guerre civile entre les capitalistes et la classe ouvrière dirigée par l'Internationale communiste. L'action illégale et la clandestinité sont recommandées partout, même là où le parti peut avoir une existence légale.

Au congrès de la SFIO à Tours, la majorité opte pour l'adhésion. Plusieurs facteurs expliquent ce ralliement majoritaire. Il y a ceux qui sont impressionnés par le modèle bolchevique, ceux pour lesquels la révolution russe suscite l'admiration – qui sont souvent les mêmes –, mais d'autres motivations concourent aussi à la sympathie pour l'entreprise communiste : la IIe Internationale avait beaucoup déçu, n'avait pas su empêcher la guerre. La rhétorique communiste imputant la guerre au système capitaliste, à la classe bourgeoise, aux profiteurs et aux impérialistes rencontre un écho certain. C'est pourquoi le duel entre Marcel Cachin et Léon Blum se solde par la victoire du premier, avec 3 208 mandats contre 1 022.

Le parti communiste français est né, il est la Section française de l'Internationale communiste (SFIC). Blum déclare qu'il gardera « la vieille maison » : la SFIO, qui, bien qu'affaiblie, subsiste. Dès 1922, les communistes créent une nouvelle centrale syndicale ouvrière, la Confédération générale du travail unitaire (CGTU), scission de la Confédération générale du travail (CGT). Le journal *L'Humanité* reste aux mains du PCF, tandis que Blum crée *Le Populaire*, nouvel organe de presse de la SFIO.

Deux frères ennemis issus de la famille socialiste se partagent désormais la représentation politique de la classe ouvrière.

L'intégration conflictuelle dans la République : être « en dedans » et « en dehors »

Les statuts de l'Internationale communiste précisent que son but est « la lutte armée pour le renversement de la bourgeoisie internationale et la création de la République internationale des soviets, première étape dans la voie de la suppression complète de tout régime gouvernemental ».

C'est dire que les communistes travailleront pour la destruction du régime démocratique républicain. L'objectif est la prise du pouvoir mais par d'autres moyens que les moyens légaux, électoraux et parlementaires. Alors pourquoi envisager un certain degré d'intégration à la République ?

Bon gré, mal gré : une intégration à la République

Les communistes français sont tout de même des Français et beaucoup sont marqués par la culture politique républicaine, comme le sont les socialistes. Ils se reconnaissent toujours en Jaurès qui a inscrit dans la culture du mouvement ouvrier l'héritage prometteur de la Révolution française et ne rejetait pas la République, pourvu qu'on la rende sociale. L'héritage jacobin, laïque, l'idée de Nation, de souveraineté nationale, de peuple en armes sont inscrits dans l'imaginaire des communistes français.

D'autre part, la SFIC participe systématiquement aux consultations électorales dès les années 1920 et de fait s'engage dans le système parlementaire. La perspective révolutionnaire sera sans cesse repoussée à plus tard, même généralement sous la pression de Moscou, et ce, dès la création du Parti puisqu'il présente d'emblée des candidats aux élections et fera progressivement la conquête de nombreuses municipalités, surtout de banlieue ouvrière (la « ceinture rouge » autour de Paris, par exemple), dans lesquelles il pratique un « communisme municipal » pas incompatible avec la République. À partir de 1935, devant la montée du péril hitlérien qui inquiète Staline, le Parti se rapproche du frère ennemi socialiste pour aboutir à l'accord du Front populaire en 1936. Quant à l'entrée en Résistance à partir de 1941, la participation au Front national de lutte pour la libération montre assez la stratégie d'union nationale avec les autres partis politiques et la remise à plus tard des exigences de la transformation révolutionnaire.

Si l'instant de la Libération a connu certains flottements insurrectionnels et une peur de la part des partenaires de la Résistance, il n'a pas dérogé à la règle. La participation au gouvernement provisoire, puis à la première majorité parlementaire issue des élections (avec la SFIO et le Mouvement républicain populaire [MRP]), a certainement été le moment le plus heureux du PCF, loin pourtant des ambitions premières de renversement du régime républicain. Il reste aujourd'hui dans la mémoire collective des communistes comme un marqueur de leur identité, ébranlée par la chute du mur de Berlin en 1989.

Les « jours heureux » dont le candidat du PCF en 2022, Fabien Roussel, se revendique, sont peut-être même plus ceux de 1944-1946 que ceux de 1936.

Des flottements pendant la « guerre froide »

La seule période pour laquelle on pourrait discuter de l'intégration du PCF dans la République serait celle des débuts de la guerre froide, de 1947 à 1965 environ. Frédéric Monier[8] parle à ce sujet d'un « exil intérieur » tellement les enjeux de la guerre froide contraignent les communistes au dévouement vis-à-vis de l'URSS et à instrumentaliser les conflits sociaux pour

8. Frédéric Monier, *La République des communistes*, in *Dictionnaire critique de la République*, *op. cit.*, p. 320-325.

affaiblir les gouvernements français, donc le camp occidental. Les communistes sont exclus des gouvernements en 1947 à la suite des grèves à l'usine Renault. C'est alors pour eux peut-être le ressort antiaméricain qui fonctionne à plein, plus que le rêve d'instaurer une société communiste.

Les communistes, qui combattent le passage à la Ve République en 1958, chercheront pourtant rapidement à la réintégrer, à partir de 1965, en soutenant un candidat unique de la gauche, un candidat non communiste, François Mitterrand, contre le général de Gaulle.

La référence au communisme des débuts reste dans les statuts, la culture du centralisme perdure, contredire le Parti est un jeu périlleux ; mais le programme politique mis en avant à chaque fois que les choses semblent pouvoir évoluer (1968, 1973, 1974) reste sur un référentiel de front populaire (alliance avec les forces de gauche) avec des revendications d'ordre, de progrès, de démocratie républicaine, d'acquis sociaux, mais pas de rupture. La référence à la dictature du prolétariat est même abandonnée en 1976.

On pourra toujours objecter que le PCF a fait preuve de peu de patriotisme et de peu de cas de son positionnement contre l'extrême droite entre 1939 et 1941, c'est-à-dire entre la signature du Pacte germano-soviétique qui l'embarrasse et l'attaque de l'Allemagne contre l'URSS, qui le libère et déclenche aussitôt l'entrée en lutte armée contre l'occupant et ses collaborateurs. Toutefois faut-il nuancer dans la mesure où le groupe communiste à la Chambre vote les crédits de guerre le 2 septembre 1939 puis quelques semaines plus tard est dissous, le parti interdit, c'est-à-dire que le communisme devient hors la loi et les communistes hors la République, mais par la volonté du régime, non de leur propre initiative.

Plus « au-dedans » qu'« au-dehors »

L'intégration du communisme dans la République ne fait au final pas de doute, mais cela a été un processus long et chaotique. Un processus conflictuel parce qu'il y avait une contradiction fondamentale entre : participer aux élections, aux débats politiques, à la gestion des municipalités, souvent en alliance avec d'autres mouvements de gauche, soutenir un gouvernement en 1936, participer activement au gouvernement en 1944 (être, par exemple, à l'origine de la création de la Sécurité sociale), construire un programme commun avec les socialistes et les radicaux de gauche en 1972 ; et, théoriquement, garder une vocation révolutionnaire, prétendre à une république des soviets, suivre les ordres de Moscou.

Maurice Thorez, à la tête du Parti de 1930 à 1964, conserve une ligne prosoviétique tout en y incluant une forme de voie nationale, d'un communisme à la française. Mais après lui, la ligne prosoviétique n'est plus une ligne droite.

Cette contradiction semble avoir été plus du fait des dirigeants, du moins de la plupart d'entre eux, que des militants et bien sûr que des électeurs réguliers du PCF. Tout d'abord, il faut prendre la mesure des effectifs représentés, le PCF a d'abord été un parti avec des troupes modestes mais à la veille de la Seconde Guerre mondiale, il a 300 000 adhérents. Ils seront plus de 800 000 après la guerre et encore plus de 500 000 en 1978[9].

De 1920 à 1935, le PCF est assez marginal électoralement. Mais de 1941 à 1944, il joue un rôle majeur dans la Résistance et gagne l'appellation de « parti des fusillés ». Il en revendique 75 000 quand, en réalité, le chiffre est plus proche de 20 000. Cela explique son essor électoral après la guerre : sous la IVe République, en pleine guerre froide, c'est le premier parti de France, et en nombre d'adhérents, et en nombre d'électeurs.

9. D'après les chiffres publiés à partir d'archives par la Fondation Gabriel Péri, www.gabrielperi.fr

Dans la période 1947-1978, le communisme s'érige en contre-société, il y a le parti bien sûr, un parti de masse, mais également, et surtout, tout un réseau qui gravite autour de lui et qui touche des millions de Français : les réseaux du parti, les syndicats telle la CGT, de multiples associations, une presse (de *L'Humanité* à *Pif Gadget* !). Il y a un sentiment d'appartenance au monde communiste de la part des sympathisants. Cette idée politique, le communisme à la française, s'accompagne d'une action politique intransigeante dans la République : lutte contre le risque fasciste (représenté pour eux par de Gaulle en 1958), défense des acquis sociaux et revendications nouvelles (congés payés, temps de travail, droits des travailleurs), attachement à l'égalité, anticolonialisme. Cette action, cette pensée traduisent au fond une intériorisation de l'idéal républicain, et dans les luttes politiques, sociales, culturelles, ces communistes agissent bien souvent au coude à coude avec les socialistes de toute tendance. C'est à cette époque que la grande famille communiste est la plus soudée.

Un déclin qui semble irréversible

De 1970 à 1980, c'est le début d'un déclin inexorable. Les causes sont multiples : crise de l'URSS, désillusions électorales parce que l'opinion de gauche lui reproche l'abandon d'un programme commun à toute la gauche, hausse du niveau de vie de la classe ouvrière qui grossit la classe moyenne… et réduit comme peau de chagrin l'électorat dit captif du PCF.

En 1981, il devient clair qu'il a perdu sa compétition avec le Parti socialiste (François Mitterrand obtient 28 % et Georges Marchais 15 %, et le PS a la majorité absolue à l'Assemblée nationale).

En 1989, le mur de Berlin tombe ; en 1990, la République démocratique d'Allemagne (RDA) disparaît ; en 1991, c'est au tour de l'URSS. Le grand frère soviétique n'est plus ! La référence de départ n'existant plus, est-ce le coup de grâce du communisme français ou bien sa chance de renaissance, par une forme d'émancipation ? Force est de reconnaître que le courant communiste au cours de quatre-vingts ans d'existence n'a pu ni conquérir le régime ni le transformer fondamentalement.

La singularité du PCF, entre révolution et défense des acquis de la République, n'a plus de soubassement : dès lors que l'expérience révolutionnaire identificatrice a lamentablement échoué, le communisme français s'est effondré. Qu'apporterait-il de plus que les sociaux-démocrates ou que tout parti réformiste ? Quelle serait sa plus-value dans les enjeux politiques du présent ? De quel espoir peut-il encore être le porteur ?

Sa contribution à la République est incontestable mais il est passé simultanément de l'intégration à la désintégration. Aujourd'hui, il pèse si peu qu'il doit faire souvent alliance avec d'autres mouvements pour exister : Parti socialiste (PS), puis Front de gauche, puis La France insoumise (LFI). Il garde cependant quelques élus notamment à l'Assemblée nationale et localement. Il tente aujourd'hui, sous l'impulsion de son leader Fabien Roussel, de regagner en autonomie.

Le plus ironique est que l'héritage du communisme n'a pas disparu : demeurent la protestation sociale, le rôle de porte-parole du peuple et de sa colère, de défense des ouvriers, des petits employés, de « ceux qui ne sont rien », l'intransigeance sociale, la tentation social-autoritaire. Mais tout cela a été repris par d'autres : le Rassemblement national (RN), surtout depuis que Marine Le Pen est à sa tête, LFI derrière la personnalité de Jean-Luc Mélenchon et aussi par ceux qui concurrencent le PCF sur le terrain même du communisme, c'est-à-dire les partis d'extrême gauche (10,44 % des voix à la présidentielle de 2002 contre seulement 3,37 % au candidat du PCF).

Le Parti communiste n'a pas le monopole du communisme : les communistes de l'extrême gauche

Il n'est pas facile de définir ou de délimiter l'extrême gauche. Il s'agit à coup sûr des courants qui s'inscrivent dans une logique de rupture complète avec le système politique en place, la démocratie libérale. À ce titre, on peut y ranger le courant anarchiste, mais j'ai préféré le traiter à part dans la mesure où beaucoup d'anarchistes ne se réclament ni de gauche ni de droite, et que l'on pourrait aussi soutenir qu'il existe des anarchistes de droite.

C'est pourquoi je réduirai ici l'extrême gauche à des mouvements que l'on classe généralement sous ce vocable au ministère de l'Intérieur et dans la presse, et qui parfois se présentent eux-mêmes comme tels. Ainsi délimitée, l'extrême gauche française est imprégnée de communisme. Il serait juste, comme pour le socialisme, de parler de « communismes », au pluriel. Il existe un autre communisme ou des autres communismes que celui du Parti communiste. La famille communiste a donc plusieurs branches, lesquelles ne se fréquentent pas ou peu.

Si l'on se réfère au classement effectué par Jean Defrasne dans son « Que sais-je ? » sur la gauche en France[10], il existe dès les débuts de la Révolution trois « gauches » : la gauche des libertés, qu'on pourrait dire libérale et que le radicalisme puis le socialisme ont pu représenter au XXe siècle ; la gauche autoritaire représentée par le PCF à partir de 1920 ; enfin, la gauche de la révolte dont les membres aujourd'hui sont à l'extrême gauche.

Les idées des mouvements politiques correspondant à cette dénomination peuvent être qualifiées de radicales ou de révolutionnaires. On distingue de nos jours au moins trois

10. Jean Defrasne, *La Gauche en France de 1789 à nos jours*, PUF, coll. « Que sais-je ? », 1975.

organisations porteuses de ces idées, qui toutes les trois s'appuient sur une conception marxiste et s'affirment (de plus en plus discrètement toutefois) communistes : Le Mouvement pour un parti des travailleurs (devenu Parti des travailleurs puis Parti ouvrier indépendant (POI) en 2008), Lutte ouvrière (LO) et le Nouveau parti anticapitaliste (NPA), longtemps appelé la Ligue communiste révolutionnaire (LCR).

Le communisme de ces formations diffère de celui du PCF, longtemps considéré comme orthodoxe (la « vraie » doctrine), puisque suivant le modèle soviétique, tandis que leur communisme était qualifié d'hétérodoxe, au sens de dissident. Le communisme a en effet connu trois variantes principales : le léninisme, le trotskisme et le maoïsme.

L'extrême gauche communiste est à l'origine issue du courant trotskiste. Rival malheureux de Staline aux débuts de l'URSS, Léon Trotski développa en exil une doctrine communiste hostile au stalinisme. Ces mouvements se distinguent nettement du PCF pour des questions de doctrine mais plus encore parce qu'ils n'ont jamais accepté ni les principes de la démocratie libérale, ni les institutions de la Ve République en particulier.

Bien que n'étant pas des partis politiques, certaines organisations ont des liens étroits avec ce communisme d'extrême gauche, par exemple des collectifs comme Agir ensemble contre le chômage (AC !), le Droit au logement (DAL) ou le syndicat Solidaires unitaires et démocratiques (SUD).

L'investissement militant au sein des mouvements sociaux est souvent très fort de la part de ces courants communistes, dont la pratique est très revendicative, parfois à la limite de la légalité ou illégale (occupation de locaux, par exemple). L'antifascisme fédère ces mouvements dans l'action de terrain, particulièrement depuis que le Front national (FN) réalise de gros scores électoraux. À défaut d'être encouragée, la violence révolutionnaire reste souvent tolérée ou excusée dans les mouvements d'extrême gauche.

Bien que le modèle soviétique n'existe plus, les différentes branches de la famille communiste ne semblent pas prêtes à se rapprocher. Les anciens contentieux ont laissé des traces profondes.

Un texte représentatif : les « jours heureux », promesse d'un communisme aux spécificités françaises

« Le Parti communiste n'est pas un parti comme les autres. Il est le parti des travailleurs, le parti de la classe ouvrière, dont les intérêts sont désormais ceux de la nation. [...]

Les communistes veulent socialiser les grands moyens de production ; ils n'entendent nullement supprimer la petite propriété agraire, commerciale ou industrielle. Ils estiment que l'organisation de la vie économique, dont les bases seront constituées par la socialisation des grands moyens de production, ne pourra se réaliser que par une collaboration librement consentie des paysans petits et moyens, des petits commerçants et industriels avec la classe ouvrière [...].

Quand le communisme sera la réalité en France, il n'y aura plus de gaspillages, de crises, de chômage, plus de dépenses pour entretenir une bureaucratie pléthorique ou enrichir les marchands de canons. La sécurité du lendemain sera assurée pour tous, l'enfance protégée et instruite, la vieillesse abritée et heureuse, la voie ouverte à tous les talents, et non aux privilégiés de la naissance et de la fortune. L'organisation scientifique de la production permettra de réduire considérablement les heures de travail, et de distribuer gratuitement les produits de première nécessité, au même titre que l'air et l'eau. »

Maurice Thorez, *Fils du peuple*, Éditions sociales, 1949

Maurice Thorez, secrétaire général du PCF de 1930 à 1964, promet des lendemains heureux avec l'avènement du communisme en France. Il essaie de rassurer les classes moyennes, base électorale des républicains radicaux et des républicains socialistes et au-delà du centre et du centre droit. Le Parti reste celui de la classe ouvrière mais s'ouvre à la « collaboration » avec d'autres classes, comme les paysans. Il ne s'agirait plus de tout collectiviser (comme en URSS) mais seulement les « grands moyens de production », pas les petites entreprises agricoles, artisanales, commerciales ou même industrielles. Il joue un peu « les petits » contre les « gros », comme le firent le Front populaire en 1936 et la résistance communiste entre 1941 et 1944. Il inscrit son parti dans la promotion d'un État social, dont on ne sait plus jusqu'à quel point il sera socialiste.

Pour comprendre : y a-t-il encore des communistes au PCF ? Et en dehors ?

Il est évident que les militants du PCF en 2025 ne défendent plus le même système, la même utopie que ceux de 1920 ou de 1945. Cela serait incompréhensible vu l'échec du modèle soviétique et sa piteuse disparition en 1991 (fin de l'URSS). Déjà dans le discours de Thorez en 1949, on devine un infléchissement, même si la sincérité du propos reste à démontrer. Les événements de 1956 (Hongrie), 1968 (Tchécoslovaquie), 1980 (Pologne) ont fait prendre conscience, même aux communistes, que les populations à l'Est n'adhéraient pas à la voie vers le communisme. En 1976, la direction du PCF abandonne le concept dit de la dictature du prolétariat. Lâché progressivement par ses électeurs, privé du modèle autrefois tant admiré, bousculé par les évolutions sociologiques, le PCF a perdu sa solidité idéologique. La famille communiste a perdu la plupart de ses membres, ceux qui restent ne peuvent plus être hermétiques aux influences extérieures. Comme les socialistes, les communistes français ont tenu jusqu'ici à garder leur patronyme. Toutefois, l'héraldique familiale, sans que ce soit officiel, a délaissé le marteau et la faucille ! Il est maintenant difficile de distinguer la spécificité des communistes par rapport aux autres partis de la gauche réformiste : LFI, Les Écologistes, le PS. Du discours de Thorez, il ne reste qu'une aspiration à un État social fondé sur la redistribution et la justice sociale.

Les derniers véritables communistes sont donc plutôt à chercher du côté des cousins, souvent honnis dans le passé, de l'extrême gauche. Moins déstabilisés par la faillite du modèle soviétique qu'ils n'avaient pas soutenu, ils sont plus enclins à y croire encore. Ils affirment l'existence d'une autre voie possible vers le communisme. Toutefois, ce qui prête à confusion, c'est qu'ils rejettent maintenant le label « communiste », tant il sert de repoussoir. Ainsi, la LCR est devenue le NPA en 2009. Enfin, d'autres se permettent une incursion dans le champ parlementaire, tel le député de Seine-Saint-Denis Jérôme Legavre, membre du POI, qui siège à l'Assemblée nationale dans le groupe LFI : une première sous la Vᵉ République pour un militant d'extrême gauche !

Votre proximité avec la famille des communistes, faites le test !

Êtes-vous d'accord ou plutôt d'accord/pas d'accord ou plutôt pas d'accord avec ces propositions ? Si vous hésitez beaucoup, vous pouvez aussi répondre « ne se prononce pas ».

HISTOIRE

1. La lutte des classes reste le moteur principal de l'Histoire.
2. Le PCF est « le parti des fusillés » : ses militants ont payé cher leur engagement massif dans la Résistance.
3. Mai-68 n'était pas une révolution, c'était une révolte bourgeoise.

POLITIQUES PUBLIQUES

4. L'émancipation des masses passe par des réformes dans tous les domaines : la politique, l'économie, la culture.
5. L'État doit avoir un rôle planificateur.
6. L'argent roi doit être détrôné pour que l'argent soit dirigé vers les besoins du plus grand nombre.
7. L'impôt sur les grandes fortunes (IGF) doit être rétabli et triplé par rapport à son niveau initial.
8. Un grand service public national de l'école doit permettre à terme de supprimer l'enseignement privé sous contrat.
9. La réduction du temps de travail à 32 heures par semaine permettrait de créer beaucoup d'emplois.
10. Le SMIC doit être relevé à 1 500 € net par mois.

11. La renationalisation de certaines entreprises est souhaitable : SNCF, EDF, Orange, par exemple.

VALEURS

12. La principale cause de la misère, c'est la mauvaise répartition des richesses.
13. Le capitalisme doit être combattu. Il conduit à la misère des masses et à la guerre.
14. Malgré tous les crimes commis en son nom, le communisme reste une belle idée.
15. L'organisation de la solidarité est le premier des devoirs de la société envers ses membres.

POLITIQUE ET GÉOPOLITIQUE

16. Il faut lutter contre l'impérialisme américain toujours présent.
17. Pour être efficace, un parti politique doit être soudé derrière la ligne majoritaire.
18. Donner aux Palestiniens un État viable devrait être une priorité de la communauté internationale dans l'intérêt de la paix mondiale.

Maintenant, comptabilisez vos réponses « d'accord ou plutôt d'accord » :

- Moins de 6 : vous êtes très éloigné de la famille communiste, et probablement aussi des idées chères à la gauche. Seriez-vous résolument de droite ? L'utopie communiste ne vous fait pas rêver.
- Entre 7 et 12 : vous n'êtes pas très à l'aise avec la famille communiste, vous avez des réticences ou rejets vis-à-vis, par exemple, de fortes impositions pour assumer un État social. Il y a des points qui ne vous paraissent pas assez réalistes. Cela ne fait pas pour autant de vous un anticommuniste viscéral.
- Entre 13 et 18 : vous appartenez à la famille ou au moins à une gauche assez radicale ou très réformiste. Vous vous inscrivez dans une certaine tradition française de gauche, qui conçoit l'État comme devant animer l'économie et assurer un minimum de justice sociale.

Un membre de la famille communiste : Fabien Roussel

Fabien Roussel est né le 16 avril 1969. Il est le secrétaire national du PCF depuis 2018. Il a été député communiste du Nord de 2017 à 2024 et a représenté son parti et sa famille politique à l'élection présidentielle de 2022, récoltant 2,28 % des suffrages exprimés.

Il a grandi et a été éduqué dans une famille de militants communistes du Pas-de-Calais et du Val-de-Marne. Son père a été adjoint au maire de Béthune, conseiller régional et conseiller départemental. Il a aussi été correspondant du journal communiste *L'Humanité* au Viêt Nam (pays au régime communiste), où lui-même a passé deux ans. Nul doute donc que Fabien Roussel a reçu une éducation culturellement imprégnée des valeurs communistes françaises les plus classiques.

Il adhère au Mouvement des jeunesses communistes (MJC) pendant ses années de lycée. Il est embauché comme conseiller en communication auprès de la secrétaire d'État au tourisme, Michelle Demessine, l'une des membres communistes du gouvernement de la Gauche plurielle de Lionel Jospin en 1997. Sa première candidature à une élection sous les couleurs de sa famille politique remonte à 2004, dans le canton de Lille Sud-Ouest. Son cursus interne au PCF le porte à la tête de la fédération du Nord en 2010. Il a ainsi fait toute sa carrière politique au sein du PCF, comme salarié d'un dirigeant (il a aussi été assistant parlementaire de députés communistes), comme permanent du Parti et comme élu. Il connaît tous les rouages de son organisation et lui doit aussi sa notoriété et ses responsabilités.

La question est de savoir ce qu'il reste de communisme dans ses idées, ses propositions de responsable politique, son programme de candidat à la présidentielle, son positionnement sur les grands sujets et par rapport aux autres organisations politiques. Sans être exhaustif, un relevé de ses différentes prises de position depuis 2017 fait ressortir quelques propositions récurrentes : la création d'une banque publique pour financer les PME et les collectivités locales avec des taux d'intérêts bas, l'établissement d'une liste française des paradis fiscaux (sans se contenter de la seule liste établie par l'Union européenne), un triplement de l'impôt sur les grandes fortunes (IGF), la création d'un revenu étudiant, la hausse des salaires et des pensions, le retour à la retraite à 60 ans, une hausse du SMIC à 1 500 € net mensuel, la renationalisation des autoroutes, des grands opérateurs énergétiques, la création d'un référendum d'initiative citoyenne (RIC).

Sur cette base, doit-on parler d'un communisme *soft* ou considérer qu'il ne s'agit pas de communisme ? À vous, lecteur, de vous faire votre opinion. Il est certain que, comparé au programme commun (aux communistes et aux socialistes) des années 1970, on est bien en deçà, en termes de socialisation des biens de production.

Au congrès du parti de 2018, Fabien Roussel présentait un *Manifeste pour un PC du XXIe siècle*. L'orientation qu'il entend faire prendre au PCF va vers plus d'écologie – il a employé l'expression « écolo-cocos ». Ses détracteurs à l'intérieur du Parti et à l'extérieur chez les autres familles marquées à gauche l'accusent souvent d'être en rupture avec la tradition communiste, notamment sur l'immigration et la sécurité, sujets sur lesquels il se montre plus en faveur d'une attitude de fermeté que la plupart des autres responsables de gauche. De la même façon, sa proposition de revendiquer un « droit au blasphème » après les attentats contre *Charlie Hebdo* a été perçue par certains alliés ou membres de son propre parti comme trop provocante. Ce n'est pourtant pas sur ces sujets régaliens que l'on peut douter de la fidélité à l'idéal communiste. Historiquement, le PCF a toujours défendu une conception assez autoritaire de l'État et de la République, mais au service des travailleurs.

Fabien Roussel se réclame précisément du programme du Conseil national de la résistance (CNR) de 1944, ce qui, au-delà des propositions concrètes que j'évoquais plus haut, implique de donner du pouvoir aux salariés et d'accorder une large autonomie aux territoires d'outre-mer, voire d'aller vers une indépendance négociée en ce qui concerne la Nouvelle-Calédonie par exemple. Cela induit aussi une volonté de respecter la souveraineté nationale et de développer un « patriotisme républicain » : en septembre 2024, les dirigeants du PCF ont été les seuls à gauche à se rendre à l'invitation du Premier ministre Michel Barnier. À la sortie de la rencontre, Fabien Roussel l'a justifié en ces termes : « Nous sommes républicains, clairement à gauche », et les communistes ont voté la motion de censure qui a suivi. Le républicanisme au sein du PCF a toujours existé, même avant-guerre. Autre tradition communiste bien ancrée, l'intérêt pour l'industrie, la réindustrialisation et l'énergie nucléaire. Cette défense de la filière nucléaire crée un autre clivage avec une partie de la gauche non communiste, notamment avec les écologistes, mais Fabien Roussel la justifie pour des raisons autant climatiques qu'industrielles.

Culturellement parlant, il suit une ligne politique assez peu différente de celle de ses prédécesseurs à la tête de la famille communiste. Fondamentalement, elle n'est pas une ligne de rupture (même démocratique) avec le capitalisme mais seulement avec sa version néolibérale. Fabien Roussel s'en prend dans ses déclarations aux politiques ultralibérales auxquelles il oppose le financement de services publics, l'aide publique à l'industrie, au logement, aux communes et une plus grande justice fiscale.

Pour autant, il serait abusif de lui faire un procès en « non-communisme » dans la mesure où il y a longtemps, bien avant qu'il n'accède aux plus hautes responsabilités dans sa famille politique, que celle-ci a renoncé à la rupture avec le capitalisme et à la dictature du prolétariat.

PARTIE 2

LES FAMILLES DE L'ARC RÉPUBLICAIN TRADITIONNEL

CHAPITRE 6

LA FAMILLE SOCIALISTE : LA DÉMOCRATIE SOCIALE

Au programme :

- Les socialismes : la démocratie jusqu'au bout de sa logique
- Son corollaire, la social-démocratie : réformisme plutôt que révolution
- Un texte représentatif : distinction avec le communisme naissant
- Un membre de la famille socialiste : François Ruffin

Informations clés

- **Dates :** 1864 – fondation de la Ire Internationale des travailleurs ; 1879 – Congrès du Mouvement ouvrier socialiste de France ; 1889 – IIe Internationale ; 1893 – premiers élus socialistes à la Chambre ; 1905 – unité des mouvements socialistes dans le Parti socialiste-Section française de l'Internationale ouvrière (SFIO) ; 1914 – Premiers ministres SFIO au gouvernement ; 1920 – Congrès de Tours et scission communiste ; 1936 – Léon Blum à la tête du gouvernement ; 1971 – naissance du parti socialiste moderne ; 1981 – François Mitterrand élu président de la République ; 2014 – François Hollande se déclare social-démocrate.
- **Principaux partis contemporains :** Parti socialiste (PS), La France insoumise (LFI), Place publique (PB).
- **Principaux chefs de partis :** Olivier Faure (PS), Jean-Luc Mélenchon (LFI), Raphaël Glucksmann (PB), François Ruffin (Debout !).

« Le socialisme a toujours visé l'émancipation de la personne humaine. »

Jean-Luc Mélenchon

La famille socialiste est une famille élargie, aux multiples branches, pas toujours en bons termes les unes avec les autres, si bien qu'on devrait plutôt dire « les socialismes », tant ce courant de pensée est divers.

Les socialismes : la démocratie jusqu'au bout de sa logique

Aux origines

Le lien commun, qui fait la base de la définition même du socialisme, c'est la volonté de socialiser tout ou partie des moyens de production : la terre, les capitaux, les biens de production. Par socialiser, il faut comprendre : collectiviser, remettre entre les mains de tous, en faire des biens communs. C'est pour le socialiste le moyen d'aboutir à la seule justice sociale qui vaille : l'égalité sociale.

La famille des socialistes a une dimension internationaliste affirmée que résume bien la formule de Marx en 1848 : « Prolétaires de tous les pays, unissez-vous ! » Les mouvements socialistes de plusieurs pays fondent d'ailleurs une association internationale dès 1864. Ces premiers mouvements sont des mouvements ouvriers, militant pour l'émancipation d'une classe sociale : la classe ouvrière.

Bien que cherchant l'unité à l'international, la famille socialiste a bien du mal à rester unie en France même. En simplifiant à l'extrême, on peut considérer que, dès l'origine, le socialisme français a été divisé en, au moins, deux tendances divergentes :

Plûtôt étatiste	Plutôt anti-étatiste, coopératif
centralisateur	décentralisateur
un État social égalisateur	une société égalitaire
le jacobinisme	l'anarchie, le libertarisme
marxiste après 1864	proudhoniste ou utopiste
Ex. Louis Blanc en 1848	Ex. Proudhon en 1864
Jules Guesdes en 1880	syndicalisme, ouvriérisme

Si l'objectif de l'égalité sociale est le même pour tous, en revanche, les moyens de passer au socialisme diffèrent nettement entre ces deux branches.

En France, la famille socialiste est encore très divisée à la fin du XIXe siècle : cinq partis socialistes ou ouvriers s'en revendiquent, plus des socialistes indépendants. Tous les mouvements portent l'empreinte du marxisme (Marx et Engels publient leur doctrine entre 1848 et 1883) mais d'autres influences subsistent (Proudhon et son anarcho-socialisme en particulier) et une tradition plus ancienne a laissé des traces (les socialistes utopiques de la première moitié du XIXe siècle). Une autre source importante est contenue dans les expériences révolutionnaires françaises (1795, Babeuf ; 1848, Louis Blanc ; 1871, la Commune et jusqu'en 1881, l'activité insurrectionnelle d'Auguste Blanqui).

Deux concepts de base sont définis en 1879 au Congrès ouvrier socialiste de Marseille :

- sur l'objectif : collectiviser les moyens de production, en tout ou partie, de manière plus ou moins étatique ;
- sur le moyen : former un parti ouvrier qui prendra le pouvoir ; mais comment ? en « avant-garde » par la révolution ? ou par l'effet de masse, en devenant majoritaire au suffrage universel ? La question n'est pas tranchée.

L'incertitude sur la méthode de prise du pouvoir demeurera longtemps, inspirant à Léon Blum, en 1936, la distinction entre la « conquête du pouvoir » (dans le futur) et l'« exercice du pouvoir » (maintenant).

Un succès croissant et une conversion à la démocratie libérale

Sur le terrain électoral et politique, les socialistes, s'ils sont divisés en plusieurs mouvements, obtiennent néanmoins de plus en plus d'audience dans le pays. Ils gagnent des voix et des sièges à la Chambre des députés à partir des années 1890.

En 1905, l'unité se réalise. C'est la création de la SFIO, présidée par Jean Jaurès. Ce nouveau parti concurrence à gauche le radicalisme : c'est l'époque de la compétition oratoire à la Chambre entre Clemenceau, le radical, et Jaurès, le socialiste. La SFIO « soutient sans participer » les gouvernements républicains et radicaux entre 1899 et 1914, conséquence d'une alliance *de facto* à la suite de l'affaire Dreyfus.

L'« Affaire » et l'implication de Jaurès participent de manière décisive à l'intégration des socialistes français dans le processus républicain ; eux-mêmes évoluent, et leur hostilité à la république bourgeoise diminue. En effet, les socialistes acceptent de plus en plus la République et la règle du suffrage universel ; mais, pour eux, la république de demain sera sociale après leur victoire électorale – laquelle est rendue possible par les règles de la République et est inéluctable de par l'évolution du rapport de force numérique entre classe ouvrière et bourgeoisie.

En 1914, l'assassinat de Jaurès détourne les socialistes de la SFIO du pacifisme internationaliste dans lequel ils s'étaient engagés derrière leur chef. Ils montrent leur patriotisme et entrent au gouvernement dit de l'Union sacrée. Leur intégration à la République est désormais totale, ils s'accoutument à un socialisme de gestion démocratique. Ceux qui ne s'y résolvent pas seront considérés comme d'extrême gauche.

Après la révolution bolchevique en Russie et la création par Lénine de la IIIe Internationale, une scission du parti a lieu au Congrès de Tours en 1920. La minorité conduite par Léon Blum reste fidèle à la SFIO et à la IIe Internationale, celle-ci conserve l'appellation de « socialiste ». Ces socialistes visent des réformes dans le cadre du modèle républicain français, leur doctrine reste marxisante mais se teinte de pragmatisme. Leur première participation à un gouvernement du pays se fait en 1936, à la tête du gouvernement dit de Front populaire. Ils sont des républicains mais ont une conception sociale de la République qui les distingue des autres forces républicaines placées sur leur droite.

À leur gauche, la majorité du parti fonde la Section française de l'Internationale communiste (SFIC), adhérant à la IIIe Internationale tout récemment créée. Ils ne sont par conséquent pas tenus de respecter la République, même s'ils décident de participer à la compétition électorale. Ce sont les communistes. Ils veulent une révolution sur le modèle bolchevique. Leur première participation à un gouvernement de la France ne se fera qu'en 1944, huit ans (et une guerre mondiale) après les socialistes, à la libération du territoire.

Après la Libération, sous la IVe République, si l'action gouvernementale de la SFIO (gouvernement Guy Mollet en 1956) reste associée au progrès social comme en 1936 (congés payés, par exemple), elle pâtit de l'enlisement colonial et de la chute peu glorieuse du régime. La SFIO perd son leadership à gauche, dépassée par le Parti communiste français (PCF). Il faut attendre 1971 et la fondation du Parti socialiste (PS) par fusion de différents courants pour voir renaître l'ambition socialiste de conquête du pouvoir sous la direction de François Mitterrand.

Son corollaire, la social-démocratie : réformisme plutôt que révolution

La social-démocratie est à la fin du XXe siècle une forme du socialisme qui se veut démocrate et réformiste, par opposition à un socialisme qui resterait marxiste ou marxisant, et en tout état de cause, plus révolutionnaire que réformiste. Il s'agit de défendre des mesures sociales avancées mais sans remettre en cause pour autant le cadre libéral de la société démocratique contemporaine.

L'expression et le courant de pensée social-démocrate remontent toutefois à la fin du XIXe siècle, où, en Allemagne, des socialistes tels Karl Kautsky et August Bebel cherchent une voie marxiste compatible avec la société de leur temps et de leur pays. D'ailleurs, en Allemagne et dans beaucoup de pays européens, le parti réformiste de gauche porte toujours aujourd'hui le nom de parti social-démocrate.

En France, même après l'abandon d'une perspective révolutionnaire, le mouvement socialiste, par tradition, a toujours réfuté ce terme, et ce, jusqu'à la conférence de presse du président (socialiste) François Hollande le 14 janvier 2014, qui précède de peu l'éclatement du PS et sa cuisante défaite à l'élection présidentielle de 2017.

Dès l'origine, la question était de savoir si la voie sociale-démocrate ne pouvait être qu'une forme d'accompagnement du système capitaliste pour en adoucir les rigueurs, version qui prévaut aujourd'hui, ou n'était qu'une étape s'accommodant encore du système capitaliste avant d'en finir quand même définitivement avec lui un jour.

À l'heure actuelle, celui qui se dit social-démocrate aimerait placer l'économie de marché au service de l'homme mais ne souhaite pas en sortir. Le modèle le plus abouti semble se trouver dans les pays scandinaves qui pratiquent une économie de marché régulée, en essayant de contrôler les excès du libéralisme économique.

Les partis sociaux-démocrates sont partout en crise en ce début de XXIe siècle, bousculés par les mouvements populistes et par la mondialisation qui s'accompagne d'une dérégulation très poussée. Cette pensée semble devoir se redéfinir sous la forme d'un courant démocrate, social, écologique et de développement durable, dont les références socialistes semblent de plus en plus ténues. C'était, par exemple, la tâche que se donnait en France Benoît Hamon, candidat du PS en 2017, mais mise en échec électoralement et reprise de manière édulcorée par Anne Hidalgo en 2022 avec un résultat encore plus catastrophique à l'élection présidentielle (seulement 1,72 % des suffrages exprimés).

C'est aussi une perspective présente avec plus de succès chez La France insoumise (LFI) et l'Union populaire aux élections présidentielle et législative de 2022. Ainsi, une recomposition à gauche est en cours, elle remet en cause le schéma social-démocrate traditionnel, plus adapté aux temps de l'industrialisation, de la construction de l'État providence, de l'augmentation du niveau de vie et de la protection sociale (les Trente Glorieuses, en particulier) qu'au monde global d'aujourd'hui.

La social-démocratie, s'étant de plus en plus éloignée de la lutte des classes pour parfaitement s'intégrer au fonctionnement des institutions et à la pratique gouvernementale, s'est peut-être durablement coupée du soutien des milieux populaires qui constituaient à l'origine son vivier, son électorat, voire sa raison d'être.

La famille socialiste aujourd'hui ne retrouve plus les siens. Certains semblent s'être repliés sur la branche sociale-démocrate, aux contours flous et à la frontière étanche avec des familles sociales-libérales, marquées à droite (Ensemble !). D'autres se sont radicalisés vers une forme plus protestataire mais hors du parti, sous divers horizons : LFI, mouvements écologistes radicaux. Un parti socialiste subsiste mais avec une audience nationale réduite.

Pour comprendre : le PS est-il un parti social-démocrate ?

Officiellement, non. Contrairement aux socialistes allemands, les socialistes français ont toujours voulu conserver l'appellation de Parti socialiste et ont gardé jusqu'aux années 2000 des statuts empreints d'un lexique marxisant. La référence révolutionnaire a certes disparu à la fin du XXe siècle mais sans que le virage social-démocrate soit publiquement assumé. Seul François Hollande, président issu du PS, confessa le 14 janvier 2014 lors d'une conférence de presse sa référence sociale-démocrate.

Cela dit, le courant dit rocardien dans les années 1980 et 1990 revendiquait une pratique sociale-démocrate (Michel Rocard a été Premier ministre de François Mitterrand de 1988 à 1991). La social-démocratie n'est pas révolutionnaire mais réformiste. Elle prétend être une régulation de l'économie de marché, une troisième voie, disait Michel Rocard, entre le capitalisme et le socialisme qui auraient, tous les deux, échoué.

Les pays scandinaves ont une tradition politique sociale-démocrate (Suède, Danemark) dont les socialistes français ne se sont jamais beaucoup inspirés. L'idéal social-démocrate tel que pratiqué dans ces pays pourrait être résumé par la formule : « l'économie de marché au service de l'homme ». Dans ces sociétés, la redistribution des revenus entre groupes sociaux atteint un niveau sans égal ailleurs. Mais pour Mitterrand par exemple, la Suède n'était pas assez « socialiste », dans la mesure où « elle n'avait pas frappé le capitalisme au cœur ».

Un texte représentatif : distinction avec le communisme naissant

« Ouvrez les statuts de l'Internationale communiste. Lisez l'article dans lequel l'Internationale définit son but. Quel est ce but ? La lutte armée contre le pouvoir bourgeois. Car la pensée de Lénine,

profondément ancrée dans l'esprit des rédacteurs des thèses et qui revient sans cesse, c'est qu'il est impossible, avant la prise des pouvoirs publics, d'accomplir un travail d'éducation ouvrière efficace […]. Je le conçois quand on est en présence d'un prolétariat tel que le prolétariat russe et d'un pays tel que la Russie […]. Mais, dans nos pays occidentaux, est-ce que la situation est la même ? […] Cette tactique des masses inconscientes, entraînées à leur insu par des avant-gardes, mes amis et moi, nous ne l'admettons pas, nous ne pouvons pas l'admettre. Nous croyons qu'elle conduirait le prolétariat aux plus cruelles désillusions. Nous croyons que, dans l'état actuel de la société capitaliste, ce serait folie que de compter sur les masses inorganiques. Nous savons, en France, ce que sont les masses inorganiques. Nous savons derrière qui elles vont un jour et derrière qui elles vont le lendemain. Nous savons que les masses inorganiques étaient un jour derrière Boulanger et marchaient un autre jour derrière Clemenceau…

Vous avez des chances de prendre le pouvoir dans ce pays par de vastes mouvements ouvriers de caractère organique supposant une éducation et une puissance de moyens poussés aussi loin que possible. Vous ne ferez pas la révolution derrière ces bandes qui courent derrière tous les chevaux. Vous la ferez avec des millions d'ouvriers organisés, sachant ce qu'ils veulent… Votre parti a manqué d'avance son aventure ! »

Léon Blum défendant sa thèse au Congrès de Tours le 26 décembre 1920

Léon Blum refuse de soumettre le parti et la classe ouvrière à la dictature bolchevique russe. Il place sa foi socialiste dans l'éducation populaire qui permettra la victoire des masses éclairées. Là réside la différence initiale entre socialistes et communistes au XXe siècle. La famille socialiste élargie se scinde en deux branches rivales qui s'affronteront auprès des masses salariées, se vouant parfois une haine féroce. De temps en temps, les deux branches de la famille (socialistes et communistes) se réconcilient et se fréquentent à nouveau face à un danger commun ou un espoir tactique de l'emporter sur l'autre : en 1936 dans le Front populaire, en 1972 avec le « programme commun ».

Pour comprendre : Jean-Luc Mélenchon (LFI) est-il socialiste ?

Jean-Luc Mélenchon est le fondateur et le leadeur de LFI et il a obtenu par deux fois des scores autour de 20 % aux élections présidentielles, en 2017 puis en 2022. Son mouvement est ainsi devenu la force dominante à gauche.

Il est certain qu'il a été socialiste puisqu'il a longtemps été membre du PS (1980-2008). Il a été sénateur socialiste et même ministre délégué du gouvernement de la « gauche plurielle » entre 2000 et 2002. Ses références historiques étaient alors clairement socialistes. Il conserve encore aujourd'hui une admiration pour Jean Jaurès et pour François Mitterrand.

Cependant, depuis au moins 2012, il ne se déclare plus « socialiste », considérant que « le socialisme est mort ». Il aurait donc quitté la famille, laquelle a perdu beaucoup de ses membres, comme on le sait. Il ne se réfère plus non plus à « la gauche ». Il en appelle directement au « peuple », à la « nation » – plus au peuple qu'à la nation du reste. Il s'inscrit dans un mouvement général qui fait tendre les rapports de force politique vers l'expression d'un populisme. La lutte politique devient une confrontation entre les représentants de l'élite, foncièrement européistes, et les représentants du peuple, plus patriotes.

On ne peut pas parler d'un populisme socialiste parce que le mouvement socialiste n'a jamais été dans cette filiation. En revanche, il s'agit bien d'un populisme de gauche, par opposition au populisme de droite incarné par Marine Le Pen et le Rassemblement national (RN). De gauche parce que la définition du peuple est celle du *demos* grec, l'ensemble des citoyens, et que la victoire passera par les urnes. Tandis qu'à droite, le peuple se confond facilement avec *l'ethnos*, une population de même origine, conception plus exclusive.

Votre proximité avec la famille des socialistes, faites le test !

Êtes-vous d'accord ou plutôt d'accord/pas d'accord ou plutôt pas d'accord avec ces propositions ? Si vous hésitez beaucoup, vous pouvez aussi répondre « ne se prononce pas ».

HISTOIRE

1. La lutte des classes demeure l'un des moteurs de l'histoire.
2. 1936, 1944 et 1981 sont les trois moments où le peuple français a connu les plus grands progrès sociaux.

INSTITUTIONS ET VIE POLITIQUE

3. Les plus grands changements sociaux s'obtiennent par la victoire dans les urnes et l'application de réformes avancées.
4. La Ve République donne trop de pouvoirs au président.
5. On peut pratiquer le socialisme dans le cadre des institutions républicaines, il n'y a pas besoin d'en changer radicalement.

DROITS ET VALEURS

6. Le revenu de solidarité active (RSA) et le salaire minimum interprofessionnel de croissance (SMIC) sont des acquis sociaux qui doivent être préservés.
7. La justice sociale et la protection de l'environnement doivent aller de pair.
8. Certains biens devraient être déclarés « biens communs de l'humanité » : l'eau, la terre, l'air, par exemple.
9. L'égalité est au cœur du projet politique français et doit le rester.

SOCIÉTÉ

10. Des services sociaux développés contribuent à la paix sociale et au « bien-vivre ensemble ».
11. L'État doit assurer à tous un accès à la culture.
12. L'égalité homme/femme et le droit à l'interruption volontaire de grossesse (IVG) sont deux combats prioritaires pour les années à venir.

POLITIQUE ÉCONOMIQUE ET SOCIALE

13. L'un des rôles de l'État est de rechercher la prospérité économique et d'en répartir les fruits.
14. À côté du secteur privé, il doit exister des services publics forts.

15. La redistribution sociale permet d'appliquer de la justice sociale.
16. Les impôts sur le capital ne sont pas assez élevés.
17. L'État doit être un stratège dans le domaine des nouvelles technologies.
18. L'économie de marché peut être régulée grâce à l'action des pouvoirs publics.
19. La TVA est un impôt inégalitaire. Il faut donc privilégier l'impôt sur le revenu, plus égalitaire.
20. L'impôt sur les successions est important pour empêcher la reproduction des inégalités sociales.

Maintenant, comptabilisez vos réponses « d'accord ou plutôt d'accord » :

- Moins de 7 : vous êtes très éloigné de la pensée socialiste et probablement des idées chères à la gauche. Seriez-vous résolument de droite ?
- Entre 8 et 13 : vous n'êtes pas très à l'aise dans la famille socialiste, vous avez des réticences ou rejets vis-à-vis, par exemple, de fortes impositions pour assumer un État social. Cela ne fait pas pour autant de vous quelqu'un d'incapable de concevoir une proximité avec les socialistes.
- Entre 14 et 20 : vous appartenez à la grande famille socialiste ou au moins à la gauche. Vous vous inscrivez dans une certaine tradition française, d'un État aux fonctions redistributives et protecteur des plus défavorisés.

Un membre de la famille socialiste : François Ruffin

François Ruffin est né le 18 octobre 1975. C'est une personnalité politique assez atypique. Il s'est fait connaître comme journaliste, reporter et documentariste avant de se lancer dans l'arène électorale récemment, tout en continuant ses autres activités. Il est fondateur et rédacteur en chef du journal *Fakir*, il écrit dans *Le Monde diplomatique*. Il a collaboré à l'émission « Là-bas si j'y suis », longtemps diffusée sur France Inter. Il a reçu le césar du meilleur film documentaire en 2017 pour son film *Merci patron !* qui dénonçait les agissements du groupe de Bernard Arnault. Il est aussi coréalisateur de plusieurs autres documentaires, dont le dernier, *Au boulot*, en 2024.

Sa carrière politique débute lors des élections législatives de 2017 grâce auxquelles il est élu député de la Somme sous l'étiquette « Picardie debout ! », avec le soutien de LFI et du PCF. À l'assemblée, il siège dans le groupe de LFI. Il est réélu en 2022 comme candidat de la Nouvelle union populaire écologique et sociale (Nupes), puis de justesse en 2024 pour le Nouveau front populaire (NFP), coalition des partis de gauche qu'il a été l'un des premiers à appeler de ses vœux. Il s'éloigne alors des positions de LFI et de la stratégie de son leader Jean-Luc Mélenchon et siège désormais dans le groupe écologiste.

Quel contour peut-on donner à ses idées et à ses chevaux de bataille ? François Ruffin prône une démocratie plus directe, par exemple, lorsqu'il soutient la proposition des Gilets jaunes d'instaurer un référendum d'initiative citoyenne. Il se montre concerné par la question écologique lorsqu'il dépose une proposition de loi visant à « interdire l'exploitation de toute ligne aérienne » si, sur le même trajet, une ligne ferroviaire « permet un temps de trajet équivalent » dans la limite de deux heures trente. Ses priorités s'inscrivent cependant clairement dans le domaine économique et social. Il est très actif sur la question sociale et celle du travail et de la défense des droits des travailleurs. Ainsi, il a proposé une loi sur le burn-out qu'il voudrait faire reconnaître comme une maladie professionnelle et il a mené avec le député macroniste Bruno Bonnell une mission d'information parlementaire sur les métiers du lien. Toujours dans l'idée de protéger les emplois et les salariés, il réclame le retour à l'indexation des salaires sur les prix et la mise en place d'une dose de protectionnisme économique. L'ensemble de ses préoccupations premières semble le rapprocher de la famille communiste mais sans qu'il en fasse partie.

Depuis fin 2022, au contraire, François Ruffin se revendique ouvertement comme étant un social-démocrate, d'où sa présence dans ce chapitre. Faut-il y voir une véritable profession de foi ou un simple calcul électoral en vue de futures alliances et d'une future campagne présidentielle ? En soi, la social-démocratie étant en déclin, cela peut s'avérer contre-productif, mais certains arguent que c'est une façon d'occuper un espace politique en partie perdu par le PS. Pour en vérifier la sincérité, il faut voir ce que François Ruffin entend par cette expression. Il a déclaré dans *Le Nouvel Observateur* avoir eu l'habitude de moquer ses camarades socialistes en leur lançant : « Ça fait des décennies que vous n'êtes plus ni sociaux, ni démocrates ! Moi, je le suis ! » Au vu de ses centres d'intérêt politiques, il n'a pas tort de reprendre à son compte l'adjonction de ces deux termes. Il entend unir la gauche rouge (lutte sociale) et la gauche verte (lutte écologique) dont il considère que la première peut mobiliser l'électorat populaire et la seconde la petite bourgeoisie.

Cette alliance sociologique rappelle, en effet, l'ancienne clientèle de la social-démocratie et, en France, du PS après 1971. Sa mobilisation constante pour le monde du travail et la défense des services publics va dans ce sens. Son relatif pragmatisme également, lorsqu'il déclare être « dans les petits pas, dans le concret, plutôt que l'horizon inatteignable, [...] le grand soir ». Il s'agit d'une déclaration réformiste assez caractéristique de la social-démocratie ; la volonté de rupture, chère à LFI, n'est pas exprimée. Le capitalisme n'est pas remis en cause, seule sa version ultralibérale l'est.

Certains voient derrière tout cela un populisme de gauche, toujours prompt à défendre les petits contre les gros, les salariés contre les patrons. Le populisme n'étant pas compatible avec une ligne sociale-démocrate, cela interroge. Toutefois, il y a un autre aspect dans la démarche de François Ruffin qui permet encore de l'assimiler à la famille sociale-démocrate, en fût-il un enfant adoptif : c'est sa confiance dans un État chef d'orchestre, qui régule le marché, fournit des services publics de base, oriente les politiques économiques et assure un minimum de protectionnisme. Son orientation économique lui fait préférer la politique de la demande plutôt que celle de l'offre, pratiquée par les macronistes et les anciens responsables socialistes comme Bernard Cazeneuve ou François Hollande. Enfin, c'est par le social qu'il espère résoudre les tensions et les conflits, même ceux d'ordre culturel ou sociétal : racisme, égalité sexuelle, féminisme, délinquance, etc. Ce dernier point l'éloigne de LFI et le ramène à une vision sociale-démocrate classique. En 2025, il crée un nouveau parti à l'échelle nationale, Debout !, afin de peser sur la désignation d'un candidat unique de la gauche à l'élection présidentielle prévue en 2027.

CHAPITRE 7

LA FAMILLE RÉPUBLICAINE : FAIRE VIVRE LA DÉMOCRATIE DANS LA RÉPUBLIQUE

Au programme :

- Être républicain en France : un soutien à l'idéal de démocratie représentative
- Un libéralisme républicain
- La forme radicale du républicanisme : le radicalisme, une radicalité qui n'a pas duré
- Un texte représentatif : le radicalisme opposé au socialisme

Informations clés

- **Dates :** 1792-1799 – Ire République ; 1848-1852 – IIe République ; 1848 – instauration du suffrage dit universel (masculin) ; 1870-1940 – IIIe République ; 1880 – la Fête nationale est fixée au 14 juillet ; 1880-1882 – premières grandes lois sur l'école publique ; 1884 – liberté syndicale ; 1901 – liberté d'association et création du Parti républicain, radical et radical-socialiste ; 1905 – séparation des Églises et de l'État ; 1944 – suffrage réellement universel (vote des femmes) ; 1944-1958 – IVe République ; 1958 à aujourd'hui – Ve République.
- **Principaux partis contemporains ayant l'appellation républicaine dans leur nom :** Les Républicains (LR), Union populaire républicaine (UPR), Printemps républicain.
- **Principaux chefs de partis :** Bruno Retailleau (LR), Nathalie Delattre (Parti radical [PR]).

« Pour être républicain, il faut que chaque citoyen éprouve et opère en lui-même une révolution égale à celle qui a changé la face de la France. »

Joseph Fouché

Le républicanisme est une doctrine qui défend la forme républicaine de l'État, donc qui est hostile au pouvoir personnel et au principe d'hérédité. Il s'oppose au royalisme et au bonapartisme tout au long du XIXe siècle.

Le républicanisme conçoit la Révolution française comme un bloc selon la formule de Georges Clemenceau : 1789 et 1793 forment un bloc indissociable, les deux temps sont utiles et complémentaires. Les abominations de la Terreur ne peuvent donc suffire à rejeter l'expérience républicaine initiale.

Être républicain en France : un soutien à l'idéal de démocratie représentative

Le républicanisme, peu structuré, encore spontané et instinctif, échoue à s'imposer en 1830 et laisse la monarchie se prolonger. En apparence, il triomphe en février 1848, pourtant, il échoue une fois de plus malgré l'instauration du suffrage universel (masculin) qu'il avait proclamé par conviction et en espérant en bénéficier.

C'est donc dans l'opposition au Second Empire qu'il s'affirme et se raffermit avec une génération de républicains qui, au lendemain de la chute de Napoléon III, fondent la IIIe République (entre 1870 et 1879) sous l'impulsion d'un républicain radical, Léon Gambetta, et d'un républicain fraîchement converti (il était monarchiste libéral jusque-là), Adolphe Thiers. Cette république sera libérale et plutôt conservatrice, reflétant ainsi le compromis libéral-démocrate qui s'accommode de la forme républicaine issue des circonstances.

Le républicanisme qui la fonde idéologiquement nie la lutte des classes par le moyen du suffrage universel. La démocratie représentative, sur la base d'un homme égalant une voix, est le modèle indépassable des républicains. Il doit permettre de refouler les tyrannies du passé : aristocratie, monarchie et aventures impériales.

À partir de 1875, les républicains, par-delà leurs différences, ont des conceptions communes sur quatre grandes notions clés : l'État, la société, l'école et la nation.

L'État, c'est nous

Il va de soi pour tout bon républicain que les hommes d'État sont désignés par le suffrage universel (mais obstinément masculin jusqu'en 1944). Les institutions de la République sont celles d'un régime parlementaire, les citoyens forment un corps civique où règne l'égalité politique. La république concilie l'individualisme et la volonté générale. C'est par ce biais que s'exerce pleinement la souveraineté nationale chère aux républicains. La souveraineté est en effet celle de la Nation : les républicains de la IIIe République adoptent *La Marseillaise* comme hymne national (chant révolutionnaire créé en 1792), ils organisent un service militaire obligatoire. La Nation est conçue comme le résultat d'une volonté, celle de vivre ensemble, avec la conscience d'un passé commun mais surtout le désir d'un avenir commun – plus important que les origines communes, il n'y a pas de critère d'ethnicité dans la conception républicaine.

L'État républicain porte aussi un idéal d'ordre et de progrès, c'est un État réformiste, laïc et démocratique que peuvent construire et faire vivre les citoyens libres. L'exécutif dépend du Parlement, lequel est le cœur de la souveraineté nationale, qu'il soit composé d'une ou de deux chambres (valable sous la IIIe et la IVe République surtout). Le régime parlementaire a la préférence des républicains.

Une société d'individus libres et égaux

La société est égalitaire et intégratrice. C'est pour cela que l'école est au centre du projet républicain. Par l'instruction, dont l'État prend la direction grâce au moyen de l'école publique, le citoyen gagne l'égalité, l'intégration, le sens du devoir civique, la connaissance de ses droits : il s'émancipe.

Le républicanisme recherche une société solidaire, laïque et déchristianisée : la République vote des lois sur le divorce, le mariage civil, les obsèques civiles au XIXe siècle, sur la séparation des Églises et de l'État au XXe siècle et sur le mariage entre personnes du même sexe au XXIe siècle.

L'outil républicain par excellence : l'école

Elle doit assurer la promotion sociale, la formation du citoyen, elle doit forger un esprit patriotique. Elle est laïque, gratuite et publique. Elle est supposée être l'instrument d'une méritocratie républicaine qui égaliserait les chances de réussite de chacun.

Un libéralisme républicain

Fondamentalement, le républicanisme est l'une des variantes de la grande famille libérale parce qu'il est centré sur la liberté et l'autonomie des individus. C'est pour cette raison que les républicains, encore aujourd'hui, doivent être aussi considérés comme des libéraux, et c'est sans doute ce que voulait dire l'ancien maire de Paris, Bertrand Delanoë, quand il a déclaré dans une interview à *Libération* en 2008 : « Je suis socialiste et libéral. »

Cette déclaration eut pourtant pour conséquence de déclencher une polémique à gauche car le terme renvoie au libéralisme en tant que refus d'intervenir sur l'économie et la société. Or le républicanisme prétend aussi répondre à une exigence de justice, donc il est sensible à la question sociale. Ainsi, nombre de républicains de droite se disant libéraux reconnaissent néanmoins l'importance d'une certaine justice sociale, d'une politique favorisant l'égalité des chances. Chez les républicains de gauche, c'est encore plus vrai évidemment : ils sont, parfois sans le savoir, les héritiers du républicanisme du philosophe Charles Renouvier qui a émis au XIXe siècle l'idée d'un « socialisme libéral » bien différent du socialisme qui venait bousculer sur leur gauche les républicains au pouvoir à la fin du XIXe siècle, en cela qu'il était un socialisme préservant la propriété privée.

À la fin du XIXe siècle, le fait déterminant est que les masses se convertissent à ce républicanisme qui leur paraît assurer la stabilité, la paix, la prospérité, la liberté et une certaine égalité. La petite bourgeoisie, les classes moyennes sont à l'avant-garde. Les paysans suivent après 1880 et font basculer le pays dans l'ère de la République. Les instituteurs et institutrices des écoles publiques deviennent de très efficaces propagandistes du républicanisme.

Pour comprendre : finalement, être républicain en France aujourd'hui, ça veut dire quoi ?

Cela n'a pas le même sens qu'au Royaume-Uni où être républicain signifie dire clairement vouloir changer de régime, abolir la monarchie, se débarrasser de la reine ou du roi et de la famille royale. Cela n'a pas non plus le même sens qu'aux États-Unis où l'évolution de la vie politique a vu naître deux grands partis politiques alternant au pouvoir, les républicains et les démocrates. Être républicain au pays de l'oncle Sam, c'est être plutôt conservateur, être de droite et appartenir à l'un des deux grands partis politiques.

En France, depuis que nous sommes en république, tous les partis politiques sont censés contribuer à son fonctionnement démocratique, selon les termes de l'article 4 de la Constitution de 1958. Il n'y a donc pas qu'un seul parti républicain, au contraire, tous les partis sont républicains. Sauf que depuis 2015, à droite, l'Union pour un mouvement populaire (UMP) a été rebaptisée Les Républicains, par assimilation avec le parti des États-Unis.

Pour autant, il faut se garder de toute confusion : de par leur histoire depuis la Révolution, les Français considèrent républicain et démocrate comme deux termes synonymes. Cela, parce que, après 1789, ceux qui veulent une république sont les plus « démocrates », en particulier en prônant le suffrage égal pour tous, qu'ils appellent le suffrage universel. Tandis que les partisans des autres régimes, en premier lieu les monarchistes, résistent à cette idée et préfèrent s'en tenir au suffrage censitaire, moins démocratique puisqu'il n'accorde des droits politiques qu'aux plus riches.

À partir de la IIIe République, vers 1880, les républicains français vont se distinguer par rapport à leurs homologues dans les autres pays par leur effort pour laïciser l'État et même la société. Ils font cela pour écarter l'influence de l'Église catholique et de son clergé qui sont restés favorables à la forme monarchique de l'État. C'est ainsi qu'être républicain en France signifie revendiquer l'héritage libéral de la Révolution française (la liberté), assumer son héritage égalitaire (l'égalité, le vote de tous) et séparer l'État et les Églises (loi de 1905). Et si les républicains sont au début du XIXe siècle les plus à gauche, dès le début du XXe siècle, il y a des républicains au centre et des républicains à droite.

La forme radicale du républicanisme : le radicalisme, une radicalité qui n'a pas duré

Le radicalisme est un courant de pensée issu du courant plus général du républicanisme et dont les membres, les radicaux, jouent un rôle politique majeur des débuts de la IIIe République jusqu'à l'agonie de la IVe.

Le mot « radical », juxtaposé à celui de républicain, apparaît sous la monarchie de Juillet (1830-1848). Il ne correspond encore qu'à un état d'esprit interne au républicanisme. C'est Alexandre Auguste Ledru-Rollin qui en est la figure principale. Pour lui, les problèmes sociaux trouveront leur solution dans l'établissement du suffrage universel. La révolution de 1848 le porte provisoirement au pouvoir et instaure le suffrage universel, en fait limité aux hommes.

Naît ensuite une deuxième génération radicale dans l'opposition plus ou moins clandestine sous le Second Empire. Ses chefs sont Léon Gambetta et Georges Clemenceau. Leur foi dans la science participe à l'affirmation du concept nouveau de laïcité qui sera leur marque déposée.

Une famille indissociable de la IIIe République

C'est dans cette génération que se produit la première manifestation politique officielle du radicalisme, c'est le programme de Belleville en avril 1869. 1 500 électeurs de Belleville, quartier ouvrier et petit-bourgeois de Paris, se réunissent et demandent à Gambetta, leur candidat, de défendre devant le corps législatif leurs revendications qui sont : le suffrage universel, de l'élection des maires à celle des députés, la liberté individuelle, la liberté de la presse, la liberté de réunion, de discussion et d'association, la séparation des Églises et de l'État, l'instruction primaire laïque, gratuite et obligatoire, l'élection de tous les fonctionnaires et la suppression des armées permanentes. À partir de là, l'histoire de la IIIe République, qui commence l'année suivante, est pour les radicaux l'histoire de la conquête puis de l'exercice du pouvoir.

Au début de la République, de 1871 à 1875, c'est Gambetta qui est le chef de la famille républicaine. Mais de la victoire sur les hommes de l'ordre moral, des monarchistes, naît la division des républicains en deux blocs : d'un côté, les opportunistes, favorables à un républicanisme par étapes et à un compromis avec les orléanistes libéraux pour enfin « rendre la république républicaine » (Gambetta) ; de l'autre, les intransigeants qui veulent l'application immédiate des principes de Belleville : ce sont eux que l'on désignera désormais sous le vocable de « radicaux ».

L'esprit radical est incarné par Clemenceau qui se dresse contre les opportunistes. Il crée en 1880 le groupe radical-socialiste à la Chambre. Les radicaux et radicaux-socialistes (on remarquera déjà la nuance ou le flou de l'appellation) resteront écartés du pouvoir jusqu'en 1902. Mais en 1898, le radicalisme essaie de rassembler toutes les forces républicaines face à la dérive nationaliste et antisémite de la droite pendant l'affaire Dreyfus. C'est sur cette base élargie que l'édification d'un grand parti s'opère en 1901 : le Parti radical et radical-socialiste devient le principal parti républicain, il s'installe au pouvoir dès l'année suivante. Il est de fait le tout premier parti moderne créé en France, en application de la toute nouvelle loi sur la liberté d'association.

L'heure de gloire du Parti radical arrive, permettant même de parler d'une république radicale au début du XXe siècle. De 1902 à 1914, sans discontinuer, tous les ministères sont à majorité radicale. La laïcité reste une affirmation unanime. Les ministres radicaux sont à l'origine de la loi de 1905 sur la séparation des Églises et de l'État. Cependant, les radicaux se sont nettement détachés des socialistes à partir de 1904 à cause des vues antimilitaristes de ces derniers et parce que le programme radical nie toujours la lutte des classes – en bons républicains, les radicaux sont persuadés que le suffrage universel permet le dépassement des luttes sociales. Cela n'empêche pas néanmoins les ministères radicaux de lutter contre la spéculation, les monopoles, le grand capital.

Des nouveautés apparaissent même dans les programmes : l'abolition de la peine de mort, les retraites assurées par l'État pour les travailleurs, la rédaction d'un code du travail, la nationalisation des chemins de fer et des assurances… De fait, une partie du programme radical est réalisée avant 1914, telle la mesure phare de création d'un impôt sur le revenu en 1913.

Un recentrage politique à moitié subi, à moitié assumé

À partir de 1919, une fois la Grande Guerre passée et la révolution bolchevique réalisée en Russie, le Parti radical affirme avant tout son hostilité au bolchevisme. Il entame une cure d'opposition jusqu'en 1924 où Édouard Herriot préside un gouvernement dit de « Cartel des gauches ». Les socialistes le soutiennent mais sans participer au cabinet. Ce gouvernement échoue sur deux points fondamentaux pour le radicalisme : la création d'un impôt sur le capital, l'extension des lois laïques à l'Alsace-Lorraine. Comme vaincus par l'Église et les « puissances d'argent » (Herriot), les radicaux préfèrent se rapprocher de la droite et forment des gouvernements d'union nationale plutôt que de retourner devant les électeurs avec une stratégie d'union des gauches.

Le Parti radical n'a pas de journal officiel, mais des journaux indépendants sont présidés par des radicaux : *La Dépêche de Toulouse* (qui existe encore aujourd'hui), *La République*… L'influence du radicalisme déborde de la seule influence du parti, médias et personnalités bien ancrées dans leur territoire y participent aussi.

Mais dans le contexte difficile des années 1920 et 1930, les groupes parlementaires radicaux se divisent. Le parti reste le premier de France en termes de résultats électoraux, mais les réformes qu'il promet dans ses congrès ne sont plus réalisées quand il est au gouvernement, faute de majorité stable et aussi à cause de la crise financière des années 1930.

Le 6 février 1934, l'immense manifestation nationaliste à Paris ébranle les militants. Ils participent nombreux à la riposte du 9 février aux côtés des socialistes et des communistes dans un élan de défense républicaine. C'est ainsi que les radicaux prennent part à la grande manifestation antifasciste du 14 juillet 1935.

Le Parti radical fait partie de la coalition de Front populaire qui remporte les élections de 1936 avec les socialistes et les communistes. Il perd sa place de premier parti de France, devancé par la SFIO (socialistes) et accepte de participer à un gouvernement dirigé par un socialiste : Léon Blum. D'octobre 1936 à octobre 1937, son soutien aux socialistes est loyal. Puis, les éléments conservateurs du parti retirent leur soutien et font tomber Blum. Une nouvelle fois, les radicaux s'associent à la droite dans un gouvernement d'union nationale.

Au total, le Parti radical aura participé entre 1918 et 1940 à 42 gouvernements, dont 13 présidences radicales. Il aura oscillé entre 35 % des voix (1924) et 14 % (1936). Il est solidairement associé au régime qui s'écroule en 1940.

Un discrédit dû à son assimilation au passé et le déclin

Certains élus radicaux collaborent avec Pétain, d'autres veulent la résistance à outrance dès 1940. Beaucoup restent passifs face aux événements.

La Libération marque le début de la crise du radicalisme. Après la guerre, celui-ci est le plus discrédité des vieux partis : il est assimilé à la IIIe République qu'on ne veut pas rétablir. La majorité politique repose à la Libération sur les communistes, les socialistes et le Mouvement républicain populaire ([MRP], chrétien-démocrate), les mouvements les plus engagés dans la Résistance. Aux législatives de 1945, le Parti radical ne représente plus que 6,8 % des voix, le vote des femmes lui est défavorable, juste retour des choses puisque les radicaux avaient été parmi les plus réticents à octroyer ce droit aux femmes.

Le Parti radical a changé. Les radicaux ne sont plus perçus comme de gauche, leur recrutement est plus rural, masculin et bourgeois, que celui des partis de gauche. C'est un parti de cadres avec peu de militants. Seul le sud-ouest de la France demeure un bastion radical (en-dehors de quelques villes et circonscriptions tenues par des ténors du parti, comme Édouard Herriot à Lyon). Les radicaux affichent désormais leur soutien au capitalisme et à la liberté économique. Les alliances se font avec la droite modérée et le MRP. Leur anticommunisme s'est encore renforcé.

La division du parti, le contexte algérien, l'effondrement de la IVe République ont raison du plus vieux parti de France. En 1958, après le changement de république, il n'y a plus que 13 députés radicaux à l'assemblée. Le parti n'est plus qu'un lieu de regroupement de personnalités politiques de centre-gauche, qui soutiennent en 1965 la candidature de François Mitterrand à l'élection présidentielle, avec tous les partis de gauche.

De plus en plus, la fin du radicalisme paraît inéluctable. La bipolarisation imposée par l'élection du président au suffrage universel direct depuis 1965 oblige à choisir son camp et n'offre plus de rente de situation au parti charnière. Les radicaux, comme sommés de choisir, se divisent à nouveau et cette fois se déchirent. Le parti participe en 1974 à la majorité du président Giscard d'Estaing. Cet appui à un homme de droite réformiste provoque la scission définitive qui brise le parti en deux entités distinctes et concurrentes. Le Mouvement des radicaux de gauche (MRG) rejoint dès 1973 le programme commun qui engage communistes et socialistes.

D'un côté, les radicaux de gauche lient leur destin aux socialistes même s'ils présentent parfois un candidat à l'élection présidentielle (1981, 2002). De l'autre, les radicaux de droite participent au nouveau parti du président Giscard, l'Union pour la démocratie française (UDF, rassemblement des centristes et des libéraux) et deviennent membres de l'UMP (rassemblement des droites) en 2002 pour revenir vers le centre ces dernières années (Union des démocrates indépendants [UDI]).

Ces deux mouvements issus du radicalisme ne constituent depuis que des forces supplétives pour les grandes formations. Le radicalisme n'existe donc plus aujourd'hui comme force autonome. En revanche, sa culture imprègne encore beaucoup d'acteurs politiques. On prêtait à Jacques Chirac (président de 1995 à 2007) un tempérament radical : entendre par-là un certain pragmatisme, une modération, ou, si l'on est critique, un certain immobilisme.

Un texte représentatif : le radicalisme opposé au socialisme

> « *Je voudrais faire comprendre aux déshérités de tout ordre qu'il n'y a pas d'émancipation véritable pour eux en dehors de celle qui viendra de leurs propres efforts, dans un milieu que l'œuvre des hommes politiques sera de leur rendre de plus en plus favorable.*
>
> *Oui la République a pour programme d'aider les faibles dans la lutte contre les forts.*
>
> *Mais la libération des opprimés ne viendra pas seulement d'une école, d'un groupe politique, d'un homme d'État ; ils la devront, avant tout, pour leur dignité, à eux-mêmes.*
>
> *[...] Vous prétendez fabriquer directement l'avenir ; nous fabriquons nous, l'homme qui fabriquera l'avenir et nous*

accomplissons ainsi un prodige beaucoup plus grand que le vôtre. Nous ne fabriquons pas l'homme tout exprès pour notre cité, nous prenons l'homme tel qu'il se présente [...].

C'est notre idéal à nous, magnifier l'homme, la réalité plutôt que le rêve, tandis que vous vous enfermez, et tout l'homme avec vous, dans l'étroit domaine d'un absolutisme collectif anonyme. Nous mettons notre idéal dans la beauté de l'individualisme, dans la splendeur de l'épanouissement de l'individu au sein d'une société qui ne le règle que pour le mieux développer.

[...] Je suis pour le développement intégral de l'individu. Quant à me prononcer sur l'appropriation collective du sol, du sous-sol, je réponds catégoriquement non ! non ! je suis pour la liberté intégrale, et je ne consentirais jamais à entrer dans les couvents et dans les casernes que vous entendez nous préparer. »

Georges Clemenceau, compilation de réponses à Jean Jaurès en 1906, reprise sur le site Le1hebdo.fr, « La gauche trahit-elle la gauche ? », 3 septembre 2014

Dans ce discours, on saisit bien la différence entre le radicalisme, même parfois qualifié de radical-socialisme, et le socialisme. Les radicaux sont fondamentalement individualistes et entendent protéger la liberté individuelle contre tout empiètement par le collectivisme. Clemenceau affirme donc son attachement au respect de la propriété privée. Il rêve d'une république de petits travailleurs indépendants animés par le sens de l'égalité, pas d'une socialisation des principaux moyens de production.

Pour comprendre : pourquoi les radicaux en France sont-ils si peu « radicaux » ?

En vérité, les radicaux ont été les plus révolutionnaires tant que la République n'a pas eu triomphé des forces réactionnaires qui lui étaient hostiles. À l'aube de la IIIe République, dans les années 1870, ils veulent une république avancée, pas trop conservatrice et s'opposent aux monarchistes récemment convertis à la république comme Adolphe Thiers ou aux républicains opportunistes qui acceptent de passer des compromis avec eux, comme Léon Gambetta.

Mais une fois la République bien assurée et la plupart de leurs réformes adoptées, ils se sont déportés vers le centre, poussés sur la droite par plus radicaux qu'eux ! D'abord les socialistes dès les années 1890, puis les communistes après 1919. Dans l'entre-deux-guerres, ils sont placés au centre du spectre politique et profitent justement de cette position charnière pour participer à presque tous les gouvernements. Seulement, ils n'ont pas changé de nom, ils restent les « radicaux » et le « parti radical ». Cette appellation n'est donc qu'une survivance du temps où ils faisaient frémir les curés, les cléricaux, les nobliaux et quelques grands bourgeois catholiques. Elle n'a plus rien d'adéquat et prête à confusion.

Votre proximité avec la famille des républicains, faites le test !

Êtes-vous d'accord ou plutôt d'accord/pas d'accord ou plutôt pas d'accord avec ces propositions ? Si vous hésitez beaucoup, vous pouvez aussi répondre « ne se prononce pas ».

HISTOIRE

1. La Révolution française est un « tout », il faut en accepter les grandeurs comme les excès.
2. Le 14 juillet, on célèbre la Nation française plutôt que la prise de la Bastille.
3. Le maréchal Pétain entre 1940 et 1944 a été un traître à la patrie.

PATRIE ET NATION

4. La République française est une patrie mais elle a aussi une vocation universelle (contribuer à répandre les libertés, l'esprit d'égalité, les droits humains).
5. Être Français, c'est d'abord et surtout partager l'envie de vivre ensemble en France.

VALEURS

6. Liberté, égalité et fraternité sont indissociables, aucune des trois ne peut dominer les autres.
7. La République doit assurer l'égalité des chances.
8. L'État doit assurer une égalité de traitement des citoyens sur tout le territoire, et refuser les particularismes.

9. La lutte contre le racisme et les discriminations en tout genre passe essentiellement par l'éducation et les lois contre le racisme, le sexisme, etc.

RELIGION ET LAÏCITÉ

10. L'influence des religions dans la sphère publique doit être au maximum limitée.
11. La liberté religieuse doit être assurée à tous.
12. L'État doit assurer des mariages et des baptêmes civils pour ceux qui le souhaitent.

ÉCOLE ET ÉDUCATION

13. Une des priorités de l'école est de former les futurs citoyens.
14. L'école laïque est une nécessité pour le bien-vivre ensemble.
15. L'instruction des enfants est un devoir des parents, et l'État doit leur proposer une école publique et gratuite.

VIE DÉMOCRATIQUE

16. Les élections sont les seuls véritables moments où le peuple peut agir directement sur les destinées du pays.
17. La participation de tous à la vie civique, à égalité, est la clé de la démocratie.
18. La volonté générale s'exprime lors des élections des représentants par les citoyens et des votes des représentants dans les assemblées élues.
19. La démocratie indirecte, par l'élection de représentants, vaut mieux que la démocratie directe, par référendum par exemple.

ÉCONOMIQUE ET SOCIAL

20. L'impôt sur le revenu doit être progressif (plus on gagne, plus le pourcentage retenu augmente).
21. La propriété privée est sacrée mais l'État peut nationaliser une propriété pour l'intérêt général.
22. La retraite par répartition (on cotise) est préférable à la retraite par capitalisation (on épargne).

Maintenant, comptabilisez vos réponses « d'accord ou plutôt d'accord » :

- Moins de 6 : vous êtes très éloigné de l'idéal républicain, même si vous n'êtes pas forcément pour rétablir une monarchie ! Vous n'êtes pas un grand fan du régime politique actuel. Vous êtes sans doute peu à l'aise avec les mœurs politiques françaises.
- Entre 6 et 11 : vous n'êtes pas franchement républicain, vous avez des hésitations ou rejets vis-à-vis des conceptions démocratiques françaises traditionnelles. Cela ne fait pas pour autant de vous un anti-régime ! Vous aimeriez des adaptations.
- Entre 12 et 17 : vous appartenez à la grande famille républicaine, sans surprise. Vous vous inscrivez dans un certain universalisme français, vous ne remettez pas en cause les grands principes républicains issus de la Révolution française, même si tout ne vous va pas parfaitement.
- 18 et plus : on ne fait pas meilleur républicain que vous ! Vous avez intégré les valeurs traditionnelles de la République française, que vous soyez plutôt de gauche ou plutôt de droite, ou ni l'un ni l'autre.

CHAPITRE 8

LA FAMILLE DÉMOCRATE-CHRÉTIENNE : CONCILIER CHRISTIANISME ET DÉMOCRATIE

Au programme :

- Une famille longue à s'organiser
- Une famille politique longtemps doublement suspecte : une conciliation difficile avec la République
- Une position centrale mais un émiettement entre droite et gauche
- Un texte représentatif : réconcilier les racines chrétiennes et la République enracinée
- Un membre de la famille chrétienne-démocrate : François Bayrou

Informations clés

- **Dates :** 1892 – le pape Léon XIII recommande aux catholiques français le ralliement à la République ; 1894 – début du mouvement du Sillon ; 1924 – fondation du Parti démocrate populaire (PDP) ; 1944 – création du Mouvement républicain populaire (MRP) ; 1944-1962 – le MRP participe à presque tous les gouvernements ; 1976-2007 – présence dans l'Union pour la démocratie française (UDF) ; 2012 – concurrence Mouvement démocrate (MoDem)/Union des démocrates indépendants (UDI).
- **Principaux partis :** MoDem, UDI.
- **Principaux chefs de partis :** Philippe Vigier (MoDem), Hervé Marseille (UDI).

« À la Libération, le triomphe de la démocratie chrétienne, le naufrage définitif du nationalisme "intégral", tout parut annoncer la formation d'un grand parti travailliste français à la fois socialiste et chrétien. »

François Mauriac

Cette famille de pensée a rarement regroupé tous ses membres en un seul parti. Cela ne s'est connu en réalité qu'au début de la IVe République avec le Mouvement républicain populaire (MRP), parti issu d'un réseau de résistance.

Une famille longue à s'organiser

Si, dans l'Europe protestante, la coexistence de la démocratie et de la religion n'a pas posé de problèmes majeurs, il n'en a pas été de même en France, la « fille aînée de l'Église » selon Rome.

Le pays était catholique et l'autel, allié du trône, n'acceptait pas les évolutions libérales puis démocratiques issues de la Révolution. L'existence d'une famille politique de type démocrate chrétien n'allait donc pas de soi en France, alors qu'elle s'imposait plus facilement en Allemagne, dans les pays scandinaves, aux Pays-Bas, et même en Italie et en Belgique pourtant également catholiques.

À l'origine du courant de pensée démocrate-catholique, il y a eu l'idéologie du catholicisme social à partir de la fin du XIXe siècle. Le représentant le plus actif en a été Marc Sangnier et son mouvement Le Sillon, qui est d'abord une revue fondée en 1894, puis un mouvement d'action politique et sociale. L'objectif du Sillon est de concilier catholicisme et démocratie. Ce n'est pas un objectif simple à atteindre étant donné que la Révolution dont se réclame la République a participé à la déchristianisation de la France. Mais Marc Sangnier pense que, par la foi, l'esprit d'égalité doit l'emporter sur celui de la lutte des classes. Il a pris position contre l'antisémitisme (dans le contexte de l'affaire Dreyfus), pour l'action syndicale et pour la défense de la Déclaration des droits de l'homme et du citoyen. Il a pu s'appuyer sur la prise de position du pape Léon XIII qui a, en 1892, encouragé les fidèles français à se rallier au régime. Cependant, inquiet des progrès du Sillon, le pape Pie X condamne le mouvement en 1910 et il disparaît. Marc Sangnier est toutefois élu député en 1919, et en 1945 il participera à la fondation du MRP.

Dès l'entre-deux-guerres, le courant démocrate-chrétien a ses mouvements de jeunesse, la Jeunesse ouvrière chrétienne (JOC) et la Jeunesse agricole chrétienne (JAC), et un syndicat ouvrier créé en 1919, la Confédération française des travailleurs chrétiens (CFTC), ainsi que des journaux. En revanche, il ne possède toujours pas de parti politique, au contraire de ce qui s'est produit dans d'autres pays d'Europe : Italie, Allemagne…

Avec leurs organisations, les démocrates-chrétiens français se concentrent sur le développement de l'éducation populaire. En 1924 naîtra tout de même un parti politique, le Parti démocrate populaire, mais il restera peu influent. La démocratie chrétienne reste alors une affaire de quelques personnalités, plus souvent des intellectuels que des politiques. En premier lieu desquels Emmanuel Mounier, fondateur de la revue *Esprit* et penseur du personnalisme, un courant intellectuel plaçant la personne humaine au centre de sa réflexion : l'homme est un être social et communautaire, libre et moral. Cette philosophie s'oppose autant à l'individualisme qu'au totalitarisme.

Une famille politique longtemps doublement suspecte : une conciliation difficile avec la République

Les démocrates-chrétiens défendent la démocratie, le débat, le parlementarisme. En cela, ils peuvent facilement s'intégrer à la République. En revanche, ils sont habités d'un idéal communautaire, ils ne forment donc pas un courant individualiste, ce qui les rend originaux mais suspects dans l'éventail des démocrates français républicains, lesquels conçoivent la Nation souveraine comme une somme d'individus libres. Les démocrates-chrétiens font, eux, plus volontiers la promotion des groupes, en particulier des Églises, des associations, des familles, des localités (décentralisation).

La IIIe République dominée par les radicaux n'est ainsi pas favorable aux démocrates-chrétiens. Ces derniers sont suspectés par les radicaux d'être des mauvais républicains pour leur catholicisme certes social mais militant, leur manque d'ardeur à défendre la laïcité. Leur espace est d'autant plus réduit que, de l'autre côté, la hiérarchie catholique ne leur fait pas confiance et l'Action française, conservatrice et monarchiste, monopolise l'identité catholique. Leur manque d'unité achève de les marginaliser et les éloigne du pouvoir jusqu'à la Seconde Guerre mondiale.

Il faut attendre les années 1940 pour que la démocratie chrétienne se structure politiquement avec un corpus idéologique commun et une organisation politique : le MRP. Cette union des démocrates-chrétiens a lieu dans la Résistance sous l'égide de Georges Bidault qui préside le Conseil national de la Résistance (CNR) après l'arrestation de Jean Moulin.

C'est encore un démocrate-chrétien qui inspire en 1948 la rédaction de la Déclaration universelle des droits de l'homme (de l'ONU) : René Cassin ; de même que, devenu ministre des

Affaires étrangères, Robert Schumann « fonde » l'Europe, avec sa déclaration du 9 mai 1950, base de la première Communauté européenne.

Ce courant a ainsi donné tardivement droit de cité aux catholiques dans la République. Sa participation à la Résistance a été l'élément déterminant pour ce faire.

Pour comprendre : christianisme et démocratie étaient-ils compatibles ?

Il peut paraître évident que le christianisme partage des valeurs avec la démocratie, et particulièrement avec sa version républicaine française : la liberté, l'égalité, la fraternité. Pourtant, l'Église catholique, en tant qu'institution, a condamné la Révolution française et ses prétentions libérales, égalitaristes et émancipatrices. Elle l'a associée à une œuvre de déchristianisation des esprits et, c'est plus réel, de dépossession des attributs matériels et temporels du clergé. Le catholicisme romain a alors fait cause commune avec la monarchie et l'idée de restauration. Il a défendu l'autorité contre la liberté, la foi contre l'athéisme ou le déisme voltairien, les hiérarchies sociales contre le libéralisme individuel. Avant 1892, la position du Saint-Siège est que le fidèle ne doit pas collaborer avec les pouvoirs issus de la Révolution, doit rejeter le régime républicain, doit préserver les traditions, dont la tradition catholique. Avec l'encyclique *Au milieu des sollicitudes*, rédigée en français en 1892, le pape Léon XIII rompt avec cette doctrine, il appelle les catholiques français à reconnaître les institutions républicaines, tout en continuant de refuser la législation laïque. C'est l'origine du ralliement d'une partie des catholiques à la forme du régime dont fait partie Marc Sangnier.

Une bonne partie des catholiques, sans entrer dans le mouvement du catholicisme social, finit par accepter la République à condition qu'elle soit modérée et qu'elle ne remette pas en cause le concordat de 1801. Toutefois, si la perspective de restauration leur paraît perdue, ils prennent une part importante dans des efforts de rechristianisation des classes populaires via des pèlerinages, des processions et tout le réseau des écoles libres, la loi de séparation de 1905 les confortant dans cette voie.

Une position centrale mais un émiettement entre droite et gauche

Le MRP a fait partie de toutes les majorités gouvernementales jusqu'en 1956. Il pesait un quart des suffrages en 1946. Placé au centre de l'échiquier politique, entre la droite et la gauche, il profite des institutions et du mode de scrutin sous la IVe République en se retrouvant souvent en position incontournable pour constituer une majorité gouvernementale.

Il soutient le général de Gaulle en 1958 car il est resté fidèle au gaullisme, dans la continuité de la Résistance. Toutefois, il se fait concurrencer dans ce rôle par le Rassemblement du peuple français (RPF) créé en 1947 et qui se revendique comme LE parti gaulliste, puis par l'Union des démocrates pour la République (UDR), véritable parti du président après 1958. Moins favorisée par le fonctionnement de la Ve République, la famille démocrate-chrétienne se disperse à nouveau et se dilue dès 1965.

En 1974, les chrétiens-démocrates se rassemblent autour du libéral Valéry Giscard d'Estaing, mais une petite partie d'entre eux s'oriente plus à gauche et rejoint le PS de Mitterrand. Jacques Delors, futur président de la Commission européenne (1985-1995), est de ceux-là. L'historien René Rémond parle alors à leur sujet de la « diaspora chrétienne-démocrate ».

Dans les années 1980, une partie de la famille se classe plus clairement que jamais à droite, dans l'Union pour la démocratie française (UDF), avec le Centre des démocrates-sociaux (CDS) dont est issu le fondateur du Mouvement démocrate (MoDem), François Bayrou, pourtant champion depuis les années 2000 du « ni droite ni gauche ».

Le courant chrétien-démocrate reste bien implanté dans les régions de forte tradition catholique comme l'Ouest, l'Alsace, la Lorraine. Les chrétiens-démocrates se distinguent souvent sous l'étiquette de « centristes », leur identité commune la plus évidente aujourd'hui est qu'ils sont très pro-européens, europeïstes même (tendance au fédéralisme européen).

En 2013, un nouveau regroupement s'est opéré au centre droit sous la dénomination Union des démocrates indépendants (UDI). Il garde une stratégie d'alliance avec la droite et mêle aux chrétiens-démocrates des libéraux, des sociaux-démocrates et des radicaux. Il reste en concurrence avec le MoDem qui, lui, a fait alliance en 2017 avec Emmanuel Macron et son mouvement La République en marche.

En 2024, le Modem compte 36 députés à l'Assemblée nationale (bien plus que l'UDI), tandis qu'au Sénat, l'UDI, dans un groupe centriste composé de 51 sénateurs, en compte 24 et domine largement le MoDem…

Un texte représentatif : réconcilier les racines chrétiennes et la République enracinée

> « *Voici donc que ce lent travail commencé naguère dans les patronages, continué par le merveilleux mouvement d'éducation populaire des Cercles d'études […] aboutit aujourd'hui à présenter au pays une force jeune, active et encore vierge, sans aucune promiscuité avec les vieux partis, combattue même par eux, ardemment et hardiment républicaine et démocratique en même temps que passionnément éprise de l'idéal chrétien. Et voici que, d'ailleurs, surgissent, à d'autres points de l'horizon, des bonnes volontés qui, elles aussi, veulent travailler à développer la conscience et la responsabilité, à faire régner plus de justice et de fraternité, et que Le Sillon attire […]. Sans doute, quelquefois, elles ne sont pas catholiques, mais pouvons-nous refuser de travailler*

pour le bien temporel du pays et pour l'élaboration de la Démocratie avec tous ceux qui n'ont pas la même foi positive que nous ? »

Marc Sangnier, *Le « Plus Grand Sillon »*, Au Sillon, 1907

Marc Sangnier, fondateur du Sillon en 1894, en vante ici l'originalité et les objectifs. Il décrit un mouvement jeune à la fois par l'âge de ses recrues mais aussi par l'esprit. Un esprit indépendant des « vieux partis », donc dépassant les clivages traditionnels, dont sans doute, sans qu'il ne le dise, le clivage laïcs/cléricaux. Un esprit démocratique et fraternel qui parait bien correspondre aux racines chrétiennes de la France. Un esprit ouvert, puisqu'il assume de coopérer avec des non-catholiques. En somme, il fait l'éloge d'un mouvement politique résolument républicain.

Pour comprendre : islam et démocratie sont-ils compatibles ?

On entend parfois questionner la compatibilité entre foi musulmane et respect des pratiques démocratiques ou des institutions républicaines. Le fait est que le malentendu n'est pas de même nature que celui qui opposa catholiques et républicains au XIXe siècle et au début du XXe. D'une part, parce qu'il n'y a pas à proprement parler d'Église en Islam, ni une autorité supérieure comparable à la papauté. Et ce, d'autant plus que l'immense majorité des musulmans de France sont sunnites et pas chiites. D'autre part, l'islam n'est pas, comme l'était le catholicisme, une religion « nationale », implantée depuis des siècles, associée à un ancien pouvoir déchu. Il n'a pas de position ou de magistère à défendre, il n'est pas automatiquement partisan du conservatisme ou de la réaction. Du reste, il n'y a pas un Islam, comme il y avait une Église, il y en a plusieurs en France. Les musulmans de France sont différents et se rendent dans des mosquées différentes selon leur pays d'origine. On aurait pour cette raison peine à imaginer la constitution d'une nouvelle famille politique de type démocrate-musulman en France. On voit donc que la comparaison avec le catholicisme n'a guère de sens.

Concernant le concept de laïcité, l'Église catholique l'a admis et ne peut que s'en féliciter. Les communautés musulmanes et les fidèles, quant à eux, semblent moins hostiles à ce principe que ne l'étaient les catholiques en 1905 , mais ils ne le comprennent pas toujours. C'est à notre démocratie républicaine de trouver les moyens de continuer à faire vivre la laïcité dans le respect de la liberté du culte et des consciences, comme elle a su le faire même aux pires moments de la querelle avec les milieux catholiques et les forces politiques réactionnaires.

Votre proximité avec la famille des « démocrates-chrétiens », faites le test !

Même si vous n'êtes pas chrétien, il se peut que vos vues soient en partie compatibles avec celles de cette famille politique.
Êtes-vous d'accord ou plutôt d'accord/pas d'accord ou plutôt pas d'accord avec ces propositions ? Si vous hésitez beaucoup, vous pouvez aussi répondre « ne se prononce pas ».

CONSTRUCTION EUROPÉENNE

1. La construction d'une Europe unie est une nécessité historique.
2. L'Europe a un héritage ancien, le christianisme, et un héritage récent, le sécularisme : il faut préserver les deux.
3. Robert Schuman et Konrad Adenauer ont été les deux plus importants artisans d'une Europe pacifiée.

LA FOI AU SERVICE DE L'ENGAGEMENT

4. Un chrétien doit faire preuve d'engagement social au service des autres.
5. Appliquer les préceptes de l'Évangile est la plus sûre façon d'agir en démocrate.
6. L'épanouissement de la démocratie en Europe doit beaucoup à son passé chrétien.
7. La doctrine sociale de l'Église est une source d'inspiration.
8. Le pape est une voix utile dans le monde. Sans être toujours d'accord avec elle, il faut savoir l'écouter.

SOCIÉTÉ ET LIBERTÉS

9. La société civile doit rester autonome par rapport à la sphère politique.
10. La collectivité doit poser des limites à la liberté individuelle.

11. Il ne faut jamais opposer une classe sociale à une autre mais toujours chercher à les réunir derrière un objectif commun de bien-être.
12. La liberté d'enseignement est sacrée, les écoles privées peuvent quand même être sous contrat avec l'État et participer ainsi à l'Éducation nationale.

ACTION POLITIQUE

13. La politique familiale est une priorité nationale.
14. La Ve République concentre trop les pouvoirs, il faudrait renforcer le rôle du Parlement.
15. L'action politique ne doit pas se faire au nom d'une confession mais peut en emprunter les valeurs.
16. Le communisme a été la cause de beaucoup de malheurs au XXe siècle, autant sinon plus que le fascisme.
17. Il existe au centre une voie raisonnable entre la droite et la gauche.
18. François Bayrou aurait fait ou ferait un bon président de la République.

Maintenant, comptabilisez vos réponses « d'accord ou plutôt d'accord » :

- Moins de 6 : vous êtes très éloigné de la famille démocrate-chrétienne, peut-être parce que vous n'êtes pas chrétien ou alors parce que votre conception de la vie politique est bien différente.
- Entre 7 et 12 : vous n'êtes pas un familier de la famille démocrate-chrétienne, vous avez des divergences ou rejets vis-à-vis, par exemple, de l'Europe ou de la proximité avec le catholicisme. Il y a cependant des points de convergence. Vous sentez-vous centriste ? Ni de droite ni de gauche ? Ceci pourrait expliquer cela.
- Entre 13 et 18 : vous appartenez à la famille, même à titre de cousin éloigné ! Vous vous inscrivez dans une certaine tradition chrétienne-démocrate, qui conçoit l'engagement chrétien comme compatible avec l'engagement en démocratie représentative et libérale.

Un membre de la famille chrétienne-démocrate : François Bayrou

François Bayrou est né le 25 mai 1951. Il est agrégé de lettres classiques, il a été député des Pyrénées-Atlantiques de 1986 à 2012, député européen de 1992 à 2002, il est maire de Pau depuis 2014. Il a été ministre de l'Éducation dans des gouvernements de droite entre 1993 et 1997 (gouvernements Balladur puis Juppé). Il est devenu Premier ministre d'Emmanuel Macron en décembre 2024 après la censure du gouvernement Barnier.

C'est donc un homme à la longue et riche carrière politique, qui a occupé presque sans discontinuer des postes de président de formations centristes diverses, forces longtemps alliées à la droite : le Centre des démocrates-sociaux (CDS) de 1994 à 1995, Force démocrate de 1995 à 1998, l'UDF de 1999 à 2007. Il est la figure dominante d'un parti qu'il a lui-même créé en le plaçant plus au centre qu'à droite : le MoDem.

Il a été trois fois candidat à l'élection présidentielle : en 2002 (6,8 % des suffrages exprimés), en 2007 (18,6 %, il fonde le MoDem dans la foulée) et 2012 (9,1 %). En 2017, il choisit de soutenir Emmanuel Macron lors de la présidentielle, celui-ci le nommera haut-commissaire au plan en 2020.

On remarque chez François Bayrou une évolution politique du centre droit vers le centre, et une volonté grandissante d'autonomiser le centre. Le premier signal de ce recentrage remonte à 1998 lorsqu'il rejette toute alliance avec l'extrême droite, alors que ses alliés libéraux de droite l'acceptent pour occuper des exécutifs régionaux. En 2002, cela s'accentue quand Jacques Chirac fusionne la droite et le centre dans l'Union pour une majorité populaire (UMP) : il refuse de rejoindre le nouveau mouvement et dénonce « l'État-UMP », il se dit très attaché aux droits du Parlement et reproche au gouvernement de

Dominique de Villepin de ne pas les respecter, ce qui l'amène pour la première fois à voter la censure d'un gouvernement de droite en 2006.

Il s'émancipe franchement de la droite en 2007 en se présentant à l'élection présidentielle contre Nicolas Sarkozy (UMP) et Ségolène Royal (PS), en prétendant rassembler des personnalités de droite, du centre et de gauche. Écarté de peu après le premier tour, il ne donne aucune consigne de vote pour le second tour et participe à un débat télévisé avec la candidate socialiste. À titre personnel, il déclare qu'il ne votera pas pour Nicolas Sarkozy. Quelques années plus tard, il avouera s'être abstenu. C'est alors qu'il crée le MoDem qu'il place dans l'opposition et qui concurrence le Nouveau Centre d'Hervé Morin qui rejoint la majorité présidentielle de droite. Le MoDem n'a alors que trois députés mais il soigne son indépendance et confirme le recentrage politique de François Bayrou. En 2012, de nouveau éliminé après le premier tour, il annonce qu'il votera François Hollande au second tour, bien que, localement, les alliances du MoDem avec la droite restent la règle.

Quels sont les liens de François Bayrou avec la famille démocrate chrétienne ? S'il est un laïc convaincu, il est aussi un catholique pratiquant. Son père a fait partie du MRP et a été maire de son village sous cette étiquette. Lui-même a commencé sa carrière politique comme conseiller et plume de plusieurs personnalités démocrates-chrétiennes dans les années 1970-1980 : Pierre Méhaignerie, Alain Poher, Pierre Pflimlin, Jean Lecanuet. En mars 2024, il lance avec Jean-Noël Barrot une nouvelle revue démocrate-chrétienne d'inspiration personnaliste, *France Forum*, résurgence d'une ancienne revue du même nom fondée par des membres du MRP en 1957. Il n'hésite pas à reprendre l'héritage de la famille lorsque, au congrès du MoDem à Blois en mars 2024, il organise une exposition sur « les 100 ans de la famille démocrate-chrétienne », même si celle-ci ne lève pas la confusion avec le centre et le centrisme.

En effet, cette tradition est revendiquée par plusieurs partis centristes mais pas tous. Il est incontestable que le MoDem s'y rattache. Parmi les dépositaires de cet héritage, on citera aussi le journal *Ouest-France* (autrefois *Ouest-Éclair*) et l'Institut Jean-Lecanuet auquel participe le ministre des Affaires étrangères, Jean-Noël Barrot, lequel a déclaré : « la démocratie chrétienne est une conscience plus qu'une identité ».

Quelles sont les principales idées de François Bayrou et en quoi évoquent-elles la démocratie chrétienne ? On retrouve quelques thèmes chers à la famille démocrate-chrétienne. Il veut renforcer le rôle du Parlement et l'ériger en contre-pouvoir de l'exécutif, allant même jusqu'à évoquer une VIe République, dans laquelle il préconise le scrutin proportionnel pour une meilleure représentativité du corps électoral. Il en appelle à « la moralisation de la vie politique ». Il est attaché au provincialisme et à la décentralisation, prônant le rattachement de la Loire-Atlantique à la Bretagne, se félicitant de la réunification de la Normandie, faisant la promotion des langues régionales, lui-même se vantant de parler béarnais. Il s'affiche dans la filiation humaniste, interclassiste, « hors clivage » idéologique, décentralisatrice et sensible aux questions sociales de la famille démocrate-chrétienne. Enfin, il est pro-Europe, européiste même, en tout cas europhile, comme d'illustres anciens de la famille : Robert Schuman, Georges Bidault ou Jean Monnet. Et c'est au nom de valeurs civilisationnelles qu'il s'oppose très tôt à l'entrée de la Turquie dans l'Union européenne.

CHAPITRE 9

LA FAMILLE LIBÉRALE : LA DÉFENSE DE LA LIBERTÉ SOUS TOUTES SES FORMES

Au programme :

- Aux origines de la doctrine libérale en France : un libéralisme conservateur
- L'omniprésence libérale chez les républicains contemporains
- Un texte représentatif : de l'importance du pouvoir judiciaire pour protéger l'État de droit
- Un membre de la famille libérale : Édouard Philippe

Informations clés

- **Dates :** 1815 – Benjamin Constant publie *Principes de politique* ; 1835 – Alexis de Tocqueville publie *De la démocratie en Amérique* ; 1875 – vote des lois constitutionnelles ; 1881 – loi sur la liberté de la presse ; 1974 – élection de Valéry Giscard d'Estaing à la présidence de la République.
- **Principaux partis :** Ensemble !, Horizons, Les Républicains (LR) : les plus libéraux sur le plan économique, autrement dit la droite ; La France insoumise (LFI), Parti socialiste (PS), Les Écologistes : les plus libéraux sur le plan sociétal, autrement dit la gauche.
- **Principaux chefs de partis :** Gabriel Attal (Ensemble !), Édouard Philippe (Horizons), François Hollande (PS), Marine Tondelier (Les Écologistes).

« Une société qui place l'égalité avant la liberté finira par n'avoir ni égalité, ni liberté [...] une société qui place la liberté avant toutes choses finira par obtenir, sans l'avoir cherché, davantage d'égalité en même temps que davantage de liberté. »

Milton Friedman

Issu du mouvement philosophique des Lumières, le libéralisme est le grand courant dominant au XIXe siècle. Son influence ne cesse jamais, il est l'un des deux fondements de la démocratie libérale, comme l'adjectif qualificatif accolé à « démocratie » l'indique bien.

Aux origines de la doctrine libérale en France : un libéralisme conservateur

La doctrine libérale peut se définir comme la défense de la liberté sous toutes ses formes. Le libéralisme s'inscrit dans l'héritage de la Révolution française, son inspiration est la Déclaration des droits de l'homme et du citoyen de 1789. Ainsi est-il héritier de la première partie de la Révolution ; en revanche, il rejette la Terreur et, par conséquent, pendant longtemps la forme républicaine du gouvernement. Les libéraux croient que la monarchie garantit davantage les libertés que la république facilement assimilée à la dictature populaire ou jacobine.

Cela explique à partir de 1830 le réflexe conservateur du libéralisme. Par peur des classes populaires et de l'action insurrectionnelle, les libéraux se rallient à Louis-Philippe Ier, à l'orléanisme. La priorité de la monarchie de Juillet est « ordre et stabilité », incarnée par le ministre Guizot. La crainte d'un nouveau 1793 porte les libéraux à accepter parfois l'alliance avec les légitimistes, voire les bonapartistes comme en 1848-1849. Ils sacrifient certaines libertés pour maintenir l'autorité. Cela étant, les libéraux sont quand même aussi à l'origine de la chute des rois, Bourbons et Orléans (1830 et 1848), et se distinguent rapidement dans l'opposition à Napoléon III.

Leur rapport à l'État reste méfiant, presque hostile : ils veulent limiter son action parce qu'ils le considèrent comme potentiellement liberticide. Cette attitude les rend enclins à une décentralisation des pouvoirs – sur ce point une entente serait possible avec les légitimistes, pourtant plus conservateurs qu'eux.

Leur rapport à l'Église les éloigne *a contrario* des légitimistes. Ils souhaitent une émancipation vis-à-vis du catholicisme, de l'Église et des Églises. Ils sont dans l'esprit des Lumières, disciples de Voltaire le plus souvent, c'est-à-dire pour la tolérance religieuse mais aussi le détachement. Il y a cependant quelques figures libérales catholiques.

Leur rapport à la République est conflictuel parce qu'ils l'ont longtemps associée aux excès de la Révolution. Leur conversion républicaine est tardive mais massive après 1875.

Au XIXe siècle, les assises sociales du libéralisme sont la bourgeoisie, l'Université et, à partir de 1877, les classes moyennes.

L'omniprésence libérale chez les républicains contemporains

Aujourd'hui, la famille libérale est une famille très élargie. De fait, toute la classe politique du Parti socialiste (PS) aux Républicains (LR) au moins (et même plus largement) est pétrie de libéralisme, et cela s'est renforcé depuis la chute du communisme en Europe (1990). Toutefois, l'usage du mot, sa revendication comme un étendard sont plus marqués à droite au sens du libéralisme économique, de la non-intervention de l'État dans l'économie et les questions sociales.

Il faut dire ici que le terme n'a pas tout à fait le même sens que dans le contexte anglo-saxon. Aux États-Unis, libéral signifie « avancé », « de gauche », « progressiste », « adversaire du conservatisme ». Dans l'acception française, on voit que, historiquement, il est plus ambigu. Il peut traduire les aspirations à une véritable liberté, à l'élargissement de la liberté, mais sert aussi de repoussoir à gauche parce qu'il masque ou a pu masquer un égoïsme des puissants, un alibi des possédants pour ne pas partager les richesses ou les redistribuer. Le terme souffre donc d'une vision négative liée à l'histoire : Guizot balayé par l'élan révolutionnaire de 1848 en particulier et l'obstination des libéraux de l'époque à refuser l'extension du suffrage au plus grand nombre.

Les méfaits du libéralisme économique, souvent appelé néolibéralisme par ses détracteurs, sur l'égalité dans la société (développement des inégalités) lui ont conféré une connotation négative supplémentaire. La défense des libertés reste tout de même le mot d'ordre numéro un de tous les mouvements politiques contemporains en France et dans les démocraties en général. Les différences se faisant sur la hiérarchie des libertés, sur la distinction entre libéralisme économique et libéralisme politique ou social, et sur la question de savoir si les droits sont acquis et constitutionnels ou s'ils dépendent avant tout de la volonté du peuple de les développer ou de les réduire, le peuple souverain pouvant faire et défaire à sa guise, par exemple par la voie référendaire.

Un texte représentatif : de l'importance du pouvoir judiciaire pour protéger l'État de droit

> « *Le but du pouvoir préservateur est de défendre le gouvernement de la division des gouvernants, et de défendre les gouvernés de l'oppression du gouvernement. Il doit avoir, pour atteindre ce but, le moyen de rompre la coalition du pouvoir exécutif et du pouvoir législatif lorsqu'elle se forme et celle de calmer les divisions qui s'élèvent soit entre ces deux pouvoirs, soit dans l'intérieur même du pouvoir exécutif […]. Le pouvoir préservateur est, pour ainsi dire, le pouvoir judiciaire des autres pouvoirs.* »
>
> Benjamin Constant, *Fragments d'un ouvrage abandonné sur la possibilité d'une constitution républicaine dans un grand pays*, 1810, Aubier, 1991

La préservation de l'État de droit est la grande cause des libéraux et fait partie intégrante de nos démocraties occidentales contemporaines. Benjamin Constant en fait déjà la promotion en 1810 en vantant les mérites du « pouvoir préservateur » (de l'État de droit). De ce point de vue, il reste un penseur clé du libéralisme d'aujourd'hui.

Au contraire, là où le pouvoir affaiblit cet État de droit, on parle désormais de démocraties illibérales. On emploie cette expression pour qualifier l'évolution de certaines démocraties à la tête desquelles se sont hissés (démocratiquement) des leaders populistes.

Pour comprendre : aujourd'hui, sommes-nous tous des libéraux ?

Presque tous, oui. Puisqu'on admet que la démocratie (libérale et représentative) est le régime qui protège le mieux les libertés. La République française est un État de droit qui garantit à ses citoyens le respect de leurs libertés, et la devise de la République commence par « Liberté ». Qu'on soit de gauche ou de droite, l'attachement à nos libertés individuelles est très ancré. Il n'y a guère qu'à l'extrême gauche où l'utopie communiste privilégie l'égalité stricte au lieu de la liberté individuelle, et à l'extrême droite où les plus radicaux prônent un État fort de type dictatorial.

Cela étant dit, on est libéral à des titres et à des degrés divers. Il faut distinguer le libéralisme économique (libertés économiques comme la liberté d'entreprendre, par exemple) qui interdit l'interventionnisme des pouvoirs publics dans l'économie, qui est mis en avant à droite mais souvent combattu à gauche, du libéralisme politique à peu près partagé par tous et du libéralisme sociétal qui consiste à admettre tous les modes de vie, tous les types de mœurs (concernant la famille, l'orientation sexuelle) qui est plus partagé à gauche qu'à droite mais n'est pas l'apanage d'un côté ou de l'autre.

Et puis on est libéral à divers degrés. L'être totalement, en laissant la liberté s'épanouir pour tous, partout, sur tous les sujets, c'est être libertarien. C'est un positionnement qui a une longue tradition en Amérique mais pas en Europe. À l'inverse, réclamer une réduction de la liberté quand elle empêche l'égalité réelle est une attitude qui caractérise les mouvements de la gauche égalitariste mais qui effraie les mouvements de la droite dite libérale. Enfin, dans certains pays d'Europe, ces dernières années, des gouvernements démocratiquement élus entreprennent de réduire les garanties de l'État de droit (indépendance de la justice, des médias), comme c'est le cas en Hongrie, par exemple.

Votre proximité avec la grande famille des libéraux, faites le test !

Êtes-vous d'accord ou plutôt d'accord/pas d'accord ou plutôt pas d'accord avec ces propositions ? Si vous hésitez beaucoup, vous pouvez aussi répondre « ne se prononce pas ».

LIBERTÉ INDIVIDUELLE

1. Il faut instruire les futurs citoyens dans l'école de leur choix.
2. On peut choisir sa religion ou choisir de ne pas en avoir, on peut en changer comme l'on veut.
3. Une femme doit pouvoir choisir si elle veut recourir à l'avortement.
4. Tout individu doit pouvoir choisir sa façon de mourir, même s'il s'agit d'euthanasie.

5. L'initiative privée doit être encouragée par l'État dans tous les domaines.
6. La liberté d'association entre individus est l'une des libertés les plus sacrées.

LIBERTÉ ÉCONOMIQUE

7. La liberté laissée aux entrepreneurs est la base du développement économique.
8. La grève des salariés ne doit pas empêcher l'exercice du droit au travail.
9. Le libre-échange est indispensable au bien-être social, au contraire, le protectionnisme appauvrit la société.
10. Il est en général préférable de privatiser les entreprises publiques car celles-ci sont mal gérées.
11. Même la gestion des prisons peut être confiée au privé.
12. D'une manière générale, les impôts sont trop élevés et cela décourage le travail et l'investissement.
13. Il faut réduire les déficits publics en faisant des économies sur les dépenses de l'État.

ÉTAT DE DROIT

14. Même en ayant la majorité, un gouvernement ne peut pas faire adopter des lois qui empiètent sur les libertés individuelles.
15. Toute la presse doit être indépendante du contrôle de l'État.
16. La justice doit être indépendante du pouvoir exécutif : il faut rompre le lien hiérarchique entre le ministre de la Justice et les juges du parquet.
17. Les contre-pouvoirs sont très importants car « seul le pouvoir arrête le pouvoir ».
18. Les élections doivent être libres de la pression de l'État et transparentes pour le public.
19. L'égalité est une égalité en droit, mais l'égalité sociale est impossible et de toute façon pas souhaitable.

VIE DÉMOCRATIQUE

20. Le suffrage indirect a des vertus que le suffrage direct n'a pas.
21. La décentralisation rapproche les pouvoirs des populations et elle doit donc être renforcée.

22. Il faut moins de lois contraignantes mais plus de confiance dans le civisme des citoyens.
23. Il faut exercer le moins de censure possible sur la liberté d'expression : toutes les opinions sont respectables.
24. Les élus sont indépendants le temps de leur mandat et ne peuvent répondre de leurs décisions devant les citoyens que lors des élections suivantes.

Maintenant, comptabilisez vos réponses « d'accord ou plutôt d'accord » :

- Moins de 6 : vous n'êtes pas un libéral ! Ni au sens économique, ni au sens politique du terme – à moins que toutes vos réponses « d'accord ou plutôt d'accord » ne soient concentrées dans la même rubrique. Vous pensez sans doute qu'il faut un État fort et interventionniste, un État fortement législateur.
- Entre 6 et 12 : vous n'êtes pas parfaitement libéral, vous avez des hésitations ou rejets vis-à-vis des conceptions libérales, soit dans le domaine économique, soit plus philosophiquement parce que vous n'aimez pas le laisser-faire. Cela ne fait pas pour autant de vous un antilibéral : vous aimeriez des garde-fous à la liberté.
- Entre 12 et 18 : vous appartenez à la vaste famille libérale, sans surprise dans la mesure où la très grande majorité d'entre nous est attachée à ses libertés. Vous respectez l'esprit de la démocratie libérale, vous ne remettez pas en cause les grands principes démocratiques contemporains, même si tout ne vous va pas parfaitement.
- 18 et plus : on ne fait pas meilleur libéral que vous ! Vous aimez la liberté et toutes les libertés ! Et par-dessus tout la vôtre. Si vous faites vôtre la dimension économique du libéralisme économique, cela indique clairement que vous êtes de droite. Si vous avez un cumul d'accords sur les propositions 1 à 6 et 14 à 19, vous êtes probablement un libertarien.

Un membre de la famille libérale : Édouard Philippe

Édouard Philippe est né le 28 novembre 1970. Il a été le Premier ministre d'Emmanuel Macron du 15 mai 2017 au 3 juillet 2020. Dans son parcours professionnel, il a connu aussi bien des postes de haut fonctionnaire que des positions dans le secteur privé. S'il a commencé par militer au PS au début des années 1990, dans le sillage de Michel Rocard, il s'est ensuite tourné vers la droite. En 2002, à l'Union pour un mouvement populaire (UMP), il agit dans l'équipe d'Alain Juppé. C'est donc logiquement que lors des primaires de la droite en 2016, il devient le porte-parole du même Alain Juppé, lequel tente de rassembler le centre et la droite. Édouard Philippe devient maire du Havre en 2010 et député en 2012. Mais finalement, après l'élimination d'Alain Juppé et l'échec de François Fillon dès le premier tour en 2017, il est désigné Premier ministre par le président nouvellement élu, Emmanuel Macron. Déchargé de cette fonction, il crée le parti Horizons en 2021 et en devient le président. Il le place sur l'aile droite de la majorité présidentielle et annonce après 2022 sa candidature à la présidentielle de 2027 (Emmanuel Macron ne pouvant pas briguer un troisième mandat).

Horizons est un parti personnel forgé pour préparer 2027. C'est aussi un « pôle Idées » qui a pour mission sous l'impulsion d'Édouard Philippe[11] de formuler des propositions thématiques « ambitieuses et pragmatiques ». Il peut compter sur 34 députés élus en 2024 et 17 sénateurs. Bien qu'il ait été exclu de l'UMP après son ralliement à Emmanuel Macron, ce qui a eu pour effet de recentrer son positionnement, Édouard Philippe reste un homme de droite.

11. Selon le site web du parti : horizonsleparti.fr/le-pole-idees/

Ses actions à la tête du gouvernement, tout comme ses prises de position et sa philosophie politique générale, tout dénote de son appartenance à la famille libérale (de droite). Il goûte peu aux règles édictées pour renforcer le contrôle sur les élus, ainsi s'est-il opposé aux lois sur la transparence de la vie publique avant d'être Premier ministre, les jugeant inquisitoires. Il est peu sensible aux mesures écologiques, notamment à celles sur la transition écologique, qu'il accuse de freiner le développement économique. La majeure partie de ses propositions pour 2027 se concentre sur la réduction de la dette publique. Dans ce cadre, il envisage une nouvelle réforme des retraites pour repousser l'âge légal et fusionner tous les régimes. Son libéralisme le rend hostile aux réglementations qui entravent le marché et la libre décision des décideurs économiques. Par exemple, il s'est prononcé contre le retrait du marché locatif des logements les plus énergivores afin de ne pas aggraver la crise du logement.

Sur le site Internet d'Horizons, ses membres annoncent défendre : « les réformes pour être plus compétitif et innovant », « un État qui dépense moins, recentré sur ses missions essentielles », « la liberté comme valeur cardinale de la République » (pas l'égalité), avec en tête « la liberté d'entreprendre et d'échanger ». Ces formules ont tout du manifeste libéral. Il s'agit aussi d'un libéralisme conservateur (comme l'orléanisme en son temps), puisque le parti réclame « l'ordre dans les comptes et dans la rue ». On revendique aussi l'héritage des Lumières et d'un « humanisme républicain ». Certes, il est aussi question de « justice sociale » et de « solidarité nationale » mais assorties de contreparties : « la revalorisation du travail et du mérite », « la décentralisation » et « l'Europe dans le respect de la subsidiarité ». Édouard Philippe correspond donc bien au portrait d'un libéral-conservateur, républicain et décentralisateur (girondin).

PARTIE 3

LES FAMILLES DE CRÉATION RÉCENTE

CHAPITRE 10

LA FAMILLE GAULLISTE : UNE AUTRE CONCEPTION DE LA RÉPUBLIQUE

Au programme :

- Avec de Gaulle : l'homme providentiel et la République autrement
- Le néogaullisme : le gaullisme sans de Gaulle se dilue
- Un texte représentatif : l'indépendance nationale pour la France dans le contexte de la guerre froide
- Un membre de la famille gaulliste ? Nicolas Dupont-Aignan

Informations clés

- **Dates :** 18 juin 1940 – appel du général de Gaulle à poursuivre le combat ; 1940-1944 – de Gaulle, chef de la France libre ; 1944-1946 – de Gaulle président du gouvernement provisoire ; 1946 – discours de Bayeux ; 1947 – fondation du Rassemblement pour la France (RPF) ; 1958 – retour de de Gaulle au pouvoir, fondation de l'Union pour la nouvelle république (UNR), création de la Ve République et élection à la présidence ; 1969 – démission de de Gaulle ; 1970 – mort de de Gaulle ; 1969-1974 – présidence de Georges Pompidou ; 1981 – trois gaullistes candidats à l'élection présidentielle.
- **Principaux partis :** Les Républicains (LR), parti qui revendique encore timidement sa part d'héritage gaulliste ; Debout La France (DLF), parti à caractère néogaulliste.
- **Principaux chefs de partis :** Bruno Retailleau (LR), Nicolas Dupont-Aignan (DLF).

« Délibérer est le fait de plusieurs. Agir est le fait d'un seul. »

Charles de Gaulle

Le gaullisme est évidemment indissociable de son fondateur. Charles de Gaulle est incontestablement le père de tous les gaullistes, l'aïeul de la famille.

Avec de Gaulle : l'homme providentiel et la République autrement

Charles de Gaulle fait naître l'espoir du rassemblement du peuple français autour d'un homme d'exception dans une période extrêmement dramatique pour la Nation (juin 1940). Il articule sa pensée dès cette époque autour de quelques idées fortes.

Le gaullisme est né le 18 juin 1940, lors de l'appel à poursuivre la résistance, lancé sur les ondes de la BBC. C'est un courant à la fois nationaliste et populaire. Le gaullisme se veut ainsi, dès le départ, au-dessus des partis (qui ont contribué à l'échec de la IIIe République et qui divisent la Nation) et hors des institutions (qui ont failli, celles de la IIIe République ou qui sont illégitimes, celles de Vichy). Il représente la « France éternelle » (des racines, un héritage, une continuité étatique) et universelle (message universaliste de la culture française).

Pour les gaullistes, il s'agit de faire preuve en toutes circonstances de volontarisme et de pragmatisme, dans une perspective de progrès et de développement économique et social. Le gaullisme recherche l'indépendance nationale et poursuit une volonté de grandeur de la France. Les membres de la famille, d'abord peu nombreux, se resserrent autour de la figure du père, à Londres, entre 1940 et 1943.

Après l'accession (tardive) au pouvoir du général de Gaulle, en 1958, la mise en pratique des idées gaullistes se traduit, par exemple, par la politique d'indépendance nationale du président de Gaulle : retrait du commandement intégré de l'Organisation du traité de l'Atlantique Nord (Otan) en 1966, mise au point de la bombe atomique (force de dissuasion), ouverture vis-à-vis de l'URSS, axe franco-allemand contre le Royaume-Uni (traité de l'Élysée de 1963), appui aux non-alignés et une certaine méfiance vis-à-vis de la construction européenne, par peur d'une ingérence dans les souverainetés nationales et que l'Europe ne serve de relais à la puissance américaine.

Institutionnellement, de Gaulle a pensé et mis en place une nouvelle forme républicaine lors de l'adoption de la Constitution de 1958, avec un exécutif fort, surtout après la réforme de 1962 qui prévoit l'élection du président de la République au suffrage universel direct (un tabou républicain jusque-là).

Politiquement, le gaullisme fait preuve de volontarisme économique et social avec l'objectif de moderniser la France des années 1960 et 1970 sous les présidences de de Gaulle, puis de Pompidou, le « fils adoptif ».

Le gaullisme s'attache peut-être plus à la grandeur de la France qu'au bien-être des Français. Pour autant, il considère que la légitimité vient du peuple, et le suffrage universel direct est préféré avec le mode majoritaire pour son efficacité à dégager une majorité stable. D'où aussi le recours fréquent au référendum à l'initiative du seul chef de l'État : en 1958, 1961, 1962, 1969.

Au fond, de Gaulle, en créant la Ve République, et les Français, en se l'appropriant, ont fait muter le système démocratique de la France d'un système parlementaire de multipartisme à un système présidentiel de parti dominant. La réforme qui a consisté en 2000 à réduire le mandat présidentiel à cinq ans et à rapprocher les élections législatives de la désignation du président n'a fait que renforcer cette tendance.

Le risque, en matière de démocratie, est une pratique assez autoritaire du pouvoir, centrée sur le président et quelques personnalités de son entourage.

Le néogaullisme : le gaullisme sans de Gaulle se dilue

Après de Gaulle, président de 1958 à 1969, le président Georges Pompidou (1969-1974) est le deuxième président issu des rangs gaullistes. Ensuite, est élu un libéral, Valéry Giscard d'Estaing (1974-1981), et le mouvement gaulliste est affaibli : la famille est orpheline du « grand homme ». Le mouvement gaulliste (le terme « mouvement » est préféré à celui de parti) a changé plusieurs fois de nom, depuis le Rassemblement du peuple français (RPF) sous la IVe République jusqu'à l'Union pour un mouvement populaire (UMP) en 2002, en passant par l'Union pour la nouvelle république (UNR), l'Union des droites pour la république (UDR), le Rassemblement pour la République (RPR).

Au-delà des institutions de la Ve République, finalement acceptées par tous après 1969 et jusqu'à aujourd'hui, le gaullisme survit au sein de la vie politique française dans la politique extérieure de la France. Celle-ci est attachée à maintenir l'indépendance de la France et un rang de puissance dans un monde multipolaire.

Les gouvernements et présidents successifs ont gardé les grands principes du général de Gaulle, même Mitterrand, pourtant socialiste (1981-1995) et anti-gaullien de la première heure. Cependant, le contexte post-guerre froide rend la pratique de l'indépendance nationale et de l'équilibre entre les pôles plus délicate. Une réorientation a eu lieu sous le président Sarkozy (2007-2012) avec la réintégration de la France dans le commandement intégré de l'Otan et un rééquilibrage en faveur d'Israël dans la question du conflit israélo-arabe.

La plus grande rupture avec la doxa gaulliste réside certainement dans la conversion européenne de la droite, même celle issue du gaullisme : en 1972 déjà, le président Pompidou accepte l'entrée du Royaume-Uni dans la Communauté européenne ; en 1992, le RPR de Jacques Chirac soutient la ratification du traité de Maastricht qui allait créer l'Union européenne.

Aujourd'hui, à droite, Les Républicains (LR) peinent à représenter l'héritage gaulliste, et d'autres formations s'en réclament volontiers : Debout La France (DLF), l'Union populaire républicaine (UPR), Les Patriotes et même parfois, paradoxalement, le Rassemblement national (RN), issu d'un Front national (FN) qui regroupait à sa fondation, en 1972, les pires ennemis du général. L'héritage est donc éparpillé, du moins si l'on veut considérer que tous ceux qui s'en réclament sont sincères. Mais une chose est sûre, les gaullistes se sont déportés vers la droite alors que sous la présidence du général, il y avait chez eux une relative transcendance du clivage droite/gauche. La démarche de l'ancien Premier ministre Dominique de Villepin de créer son propre mouvement (la France humaniste), initiée en 2025, ressemble à une tentative de renouer avec ce dépassement du clivage, mais il est peu probable qu'elle soit couronnée de succès dans le contexte actuel.

Un texte représentatif : l'indépendance nationale pour la France dans le contexte de la guerre froide

« [Certains] entendaient que notre pays, au lieu qu'il participât, ainsi qu'il est naturel, à une coopération organisée des nations libres de l'Ancien Continent, fût littéralement dissous dans une Europe dite intégrée et qui, faute des ressorts que sont la souveraineté des peuples et la responsabilité des États, serait automatiquement subordonnée au protecteur d'outre-Océan. Ainsi, resterait-il, sans doute, des ouvriers, des paysans, des ingénieurs, des professeurs, des fonctionnaires, des députés, des ministres français. Mais il n'y aurait plus la France. Eh bien ! le fait capital de ces sept dernières années c'est que nous avons résisté aux sirènes de l'abandon et choisi l'indépendance.

[…] Dans le domaine politique, il s'agit que, sans renier notre amitié américaine, nous nous comportions en Européens que nous sommes et, qu'en cette qualité, nous nous appliquions à rétablir d'un bout à l'autre de notre continent un équilibre fondé sur l'entente et la coopération de tous les peuples qui y vivent comme nous. […] notre indépendance nous conduit à mener une action conforme à ce qui est à présent notre propre conception, savoir qu'aucune hégémonie d'un État, aucune interdiction faite à n'importe quel pays d'entretenir des relations pacifiques avec n'importe quel autre, ne saurait être justifiées.

[…] Au point de vue de la sécurité, notre indépendance exige, à l'ère atomique où nous sommes, que nous ayons les moyens voulus pour dissuader nous-mêmes un éventuel agresseur […]. Or, ces moyens, nous nous les donnons. […] Ainsi, en venons-nous au point où aucun État du monde ne pourrait porter la mort chez nous sans la recevoir chez lui ; ce qui est, certainement, la meilleure garantie possible. »

Charles de Gaulle, extraits de l'allocution radio-télévisée du 27 avril 1965

De Gaulle, alors président, s'oppose fermement à la construction d'une Communauté européenne qui serait supranationale et qui, non seulement retirerait de la souveraineté à la France, mais en plus la placerait sous la tutelle américaine. Il pense l'Europe en termes d'équilibre de la puissance et de volonté de coopération interétatique. Il justifie aussi l'acquisition de la puissance militaire nucléaire de la France pour assurer sa pleine indépendance.

Pour comprendre : depuis la mort de de Gaulle, n'y a-t-il plus de gaullistes ou le sommes-nous tous devenus ?

Charles de Gaulle décède le 9 novembre 1970, environ dix-huit mois après avoir démissionné de la présidence. Son ancien Premier ministre (1962-1968), Georges Pompidou, lui succède en affirmant : « je ne peux et je ne veux pas être de Gaulle ». Toutefois, il est un gaulliste assumé et le parti gaulliste, l'UDR, demeure le principal pilier de sa majorité. Après sa mort, en 1974, le candidat gaulliste n'est pas élu président, et c'est le libéral Giscard d'Estaing qui entre à l'Élysée.

L'œuvre institutionnelle de de Gaulle subsiste, c'est la Ve République, mais la société a changé et les hommes et les partis aux affaires n'ont plus à se soucier « de ce qu'aurait fait le général ». Le gaullisme ne survit pas longtemps à son fondateur. L'intégration de plus en plus poussée à la Communauté européenne, la victoire de la gauche en 1981, la fin de la guerre froide et la perte de puissance de la France sont des données auxquelles le gaullisme est étranger.

L'idée gaulliste, pour peu qu'elle ait existé en-dehors de la personne du général, n'est plus d'actualité. En revanche, un certain comportement gaullien se rencontre encore dans le prestige attenant à la fonction présidentielle, dans l'usage de pouvoirs larges qui sont conférés au président et dans la volonté affichée, en politique extérieure, de garder à la France son indépendance nationale et une aspiration à une certaine grandeur. Mais, là encore, les cohabitations entre 1986 et 2002, le passage au quinquennat (2002), l'élargissement et l'approfondissement de l'Europe (Maastricht, 1993 et Lisbonne, 2009) ne permettent plus une pratique strictement gaullienne du pouvoir. Le déclin de la majorité présidentielle depuis 2022 accentue ce phénomène (au point qu'elle est devenue minoritaire à l'Assemblée nationale).

La référence au général de Gaulle et à son action à la tête de l'État (que ce soit en 1944-1946 ou entre 1958 et 1969) est quasi absente aujourd'hui du discours politique. Aucun parti ne revendique l'héritage exclusif du gaullisme. En revanche, beaucoup n'ont plus aucune réserve ou hostilité vis-à-vis du personnage ou de l'idée. Cela dit combien l'homme et son courant d'idées font partie du patrimoine politique commun.

Ainsi, le parti fondé à l'origine par les plus antigaullistes de tous, les anciens soutiens de Pétain et de l'Organisation de l'armée secrète (OAS), à savoir le FN (1972) devenu le RN, est sans doute le plus prompt à revendiquer sa proximité avec l'esprit gaulliste : indépendance nationale, Europe des patries, anti-américanisme, dépassement du clivage droite/gauche.

Par contraste, le parti le plus directement issu des organisations gaullistes du passé, LR, ne fait plus guère référence à l'action du gaullisme. Il est vrai que, même très affaibli, le mouvement reste un rassemblement de tendances variées, dont certaines sans filiation avec l'œuvre du général. On a pu mesurer l'influence réduite du gaullisme dans cette formation, quand elle était encore l'UMP en 2012, par les votes au Congrès national qui autorisait les tendances (en soi un signe que l'organisation n'était pas gaulliste). La tendance « Les gaullistes en mouvement » a recueilli seulement 12 % des voix des adhérents (représentée par Michèle Alliot-Marie, Henri Guaino, Roger Karoutchi et Patrick Ollier).

Le gaullisme n'existe donc plus en tant que famille politique, mais il reste chez tous les Français une part de familiarité avec lui.

Votre proximité avec la famille des gaullistes, faites le test !

Êtes-vous d'accord ou plutôt d'accord/pas d'accord ou plutôt pas d'accord avec ces propositions ? Si vous hésitez beaucoup, vous pouvez aussi répondre « ne se prononce pas ».

HISTOIRE

1. Il existe à certains moments de l'histoire des hommes providentiels.
2. Le Royaume-Uni n'a jamais été loyal vis-à-vis de l'Europe.
3. Le gros défaut du bonapartisme est d'avoir attenté aux libertés des Français.
4. Le général de Gaulle est le plus illustre des Français du XXᵉ siècle.

ÉTAT, PARTIS, INSTITUTIONS

5. Au-dessus des idéologies, il y a le fait d'être Français.

6. La Ve République est un meilleur système que les Républiques précédentes.
7. Le référendum est un outil démocratique qui doit être utilisé à chaque fois que nécessaire.
8. L'autorité de l'État garantit l'ordre et la sécurité.
9. Un parti politique doit être discipliné derrière son chef.
10. Le parlementarisme n'est pas adapté à la France car il divise trop le corps politique.

POLITIQUE ÉTRANGÈRE

11. L'indépendance nationale est la première des libertés pour les citoyens.
12. Il faut s'émanciper de la tutelle américaine tout en restant alliés des États-Unis.
13. La politique de la France au Moyen-Orient doit prendre en compte la cause palestinienne.
14. La France a une destinée de grandeur, c'est à ses dirigeants d'en réaliser l'exécution et la pérennité.
15. La force de dissuasion nucléaire est notre assurance-vie.
16. L'Europe ne doit pas être supranationale, les États membres doivent rester souverains.

POLITIQUE ÉCONOMIQUE ET SOCIALE

17. La puissance économique passe par la croissance, l'industrie, des infrastructures modernes et des technologies de pointe.
18. L'État doit mobiliser les acteurs économiques et se soucier d'aménagement du territoire.
19. Pour faire respecter son autorité, l'État doit s'appuyer sur les « forces vives » de la Nation (entrepreneurs, responsables syndicaux, élus locaux, hauts fonctionnaires, chercheurs, artistes).
20. La participation aux bénéfices des entreprises pour les salariés est un moyen de justice sociale et d'apaisement des potentiels conflits du travail.

Maintenant, comptabilisez vos réponses « d'accord ou plutôt d'accord » :

- Moins de 7 : vous êtes très éloigné de la famille gaulliste, et probablement aussi des idées bonapartistes ou simplement souverainistes. Seriez-vous insensible à la grandeur de la France ? La geste gaullienne ne vous fait pas particulièrement rêver.
- Entre 7 et 14 : vous n'avez pas tous les traits de la famille gaulliste, vous avez des réticences ou rejets vis-à-vis par exemple des risques d'un État fort. Il y a des points qui ne vous paraissent pas assez libéraux ou bien réalistes dans notre société d'aujourd'hui. Mais, tout de même, vous « voisinez » avec des attitudes gaulliennes !
- Entre 15 et 20 : vous appartenez à la famille, ou au moins à une mouvance réformiste, assez autoritaire et patriote. Vous vous inscrivez dans une certaine tradition française qui aime l'État fort, planificateur, unificateur, respecté à l'intérieur et à l'extérieur. Nostalgique ?

Un membre de la famille gaulliste ? Nicolas Dupont-Aignan

Nicolas Dupont-Aignan est né le 7 mars 1961. Il a été maire d'Yerres de 1995 à 2015 et député de l'Essonne de 1997 à 2024. Il a occupé des postes de cadre en préfectures puis de conseiller dans des ministères de droite. Il a été trois fois candidat aux élections présidentielles, réalisant son meilleur score en 2017 avec 4,70 % des suffrages exprimés. Il est le fondateur en 2008 du parti politique Debout La République (DLR) devenu Debout La France (DLF).

Sa carrière et ses prises de position en font clairement un homme politique de la famille gaulliste, même si son évolution récente l'en éloigne en partie. Nicolas Dupont-Aignan se réclame explicitement du gaullisme et du souverainisme républicain, et se dit très attaché à l'État-nation. Il a adhéré au RPR et un temps au RPF de Charles Pasqua, un « gaulliste historique ». Il a débuté en politique comme militant colleur d'affiches pour Jacques Chaban-Delmas, le candidat gaulliste à l'élection présidentielle de 1974, un baron du gaullisme, compagnon de la Libération et ancien Premier ministre de Georges Pompidou, représentant du courant du gaullisme social. Il s'est rapproché de Philippe Séguin entre 1998 et 2001, un autre tenant du gaullisme social. En 1999, Nicolas Dupont-Aignan dénote à droite en se prononçant contre la ratification du traité d'Amsterdam qui accentue le caractère supranational de l'Union européenne. Cet exemple illustre la ligne souverainiste d'un homme qui s'isole au sein du RPR, qu'il quitte justement alors pour le RPF. Peu après, il affiche sa sympathie pour Jean-Pierre Chevènement, souverainiste de gauche, candidat à la présidentielle de 2002. En 2005, il poursuit sa lutte contre la fédéralisation de l'Union européenne en s'opposant au Traité constitutionnel européen – il est le seul à droite (avec Philippe de Villiers) à faire campagne pour le « non » au référendum. Logiquement, en 2007, il quitte définitivement l'UMP et fonde Debout La République, se plaçant dans l'opposition à Nicolas Sarkozy dont il désapprouve la politique européenne (traité de Lisbonne) et pro-américaine (réintégration du commandement intégré de l'Otan).

Des traits du gaullisme apparaissent assez clairement dans les choix de Nicolas Dupont-Aignan. Il prône un équilibre dans nos relations avec la Russie et les États-Unis, la reconnaissance d'un État palestinien (vote en ce sens en 2014), une Europe éloignée du fédéralisme et moins technocratique (en 2017, il propose de sortir de l'euro), un certain dépassement du clivage droite/gauche (il se réjouit de la victoire de Syriza en Grèce en 2015), considérant qu'il faut « rassembler les souverainistes de tout bord ».

Toutefois, l'évolution de ses propositions et surtout de ses alliances, depuis 2017, sème le trouble et brouille les cartes. Il s'éloigne en partie des fondamentaux de sa famille gaulliste. La rupture soudaine est sans doute son alliance avec Marine Le Pen entre les deux tours de l'élection présidentielle de 2017, avec fusion des programmes et promesse d'être nommé Premier ministre par celle-ci une fois élue présidente (une pratique pas du tout gaullienne du reste). Il y a à ce moment-là rupture avec la pratique du front républicain jusque-là assumée par Nicolas Dupont-Aignan et bien plus conforme à l'esprit du gaullisme. Il se justifie en estimant que le FN a évolué, s'est républicanisé. En 2022, il appellera encore à voter Marine Le Pen au second tour pour, dit-il, « faire barrage à Macron ».

Ses positions se droitisent, il parle d'unir les droites : on n'est plus dans le dépassement des clivages. Pendant la crise pandémique, il adopte une position anti-passe vaccinal au nom de la liberté individuelle. Il évolue aussi vers une hostilité de plus en plus grande envers l'immigration, allant même jusqu'à reprendre la thèse du « grand remplacement » de populations en 2017. Cette rhétorique est aux antipodes du nationalisme ouvert du gaullisme historique et peut sans doute s'expliquer par la ponction qu'Éric Zemmour, nouveau candidat sur sa droite, effectue sur son électorat habituel.

CHAPITRE 11

LA FAMILLE ÉCOLOGISTE : LA DÉMOCRATIE « VERTE »

Au programme :

- La naissance d'une nouvelle famille dans la vie politique française
- La difficile diffusion des idées écologistes
- Une famille déjà éclatée et qui peine à s'élargir
- Un texte représentatif : René Dumont, un pionnier de l'écologie politique
- Un membre de la famille écologiste : Marine Tondelier

Informations clés

- **Dates :** 1970 – création des Amis de la Terre ; 1974 – René Dumont candidat écologiste à l'élection présidentielle ; 1984 – naissance des Verts ; 1988 – un ministre écologiste dans le gouvernement Rocard (Brice Lalonde) ; 1997-2001 – Les Verts dans la coalition gouvernementale de Lionel Jospin ; 2009 – meilleur résultat aux élections européennes pour Europe Écologie (16,2 %).
- **Principaux partis :** Les Écologistes (ex-Europe Écologie Les Verts [EELV]), Cap Écologie, Génération Écologie.
- **Principaux chefs de partis :** Marine Tondelier (Les Écologistes), Corinne Lepage (Cap Écologie), Delphine Batho (Génération Écologie).

« Il n'y a pas de passagers sur le vaisseau Terre. Nous sommes tous des membres de l'équipage. »

Marshall McLuhan

L'écologie a d'abord été un courant scientifique à la fin du XIXe siècle. Elle n'est devenue un courant politique que dans le dernier quart du XXe siècle. C'est donc un courant politique récent dans la vie démocratique française. Il peut aller jusqu'au refus de la croissance économique (la décroissance ou la croissance 0) et du progrès technologique, mais il est aussi soutenu de manière constante par quelques grands scientifiques : le scientifique et explorateur Théodore Monod ou le commandant Cousteau dans le passé, le Groupe d'experts intergouvernemental sur l'évolution du climat (GIEC)[12] aujourd'hui.

La naissance d'une nouvelle famille dans la vie politique française

La famille des écologistes est issue de la société civile. Elle est le produit d'un réseau dense d'associations multiples à partir des années 1970. Le militantisme écologique est alors justifié et renforcé par des cas d'atteintes graves et très visibles à l'environnement, comme les marées noires en Bretagne, et par des risques ou des menaces potentiels de catastrophes, en filigrane du programme de construction de centrales nucléaires. Le courant et ses militants se mêlent alors à une lutte anticapitaliste, à une lutte des citoyens contre l'État industriel (EDF) et contre les grands groupes privés (Total, entre autres), ce qui classe cette famille à gauche de l'échiquier politique et l'amène

12. Le GIEC est créé en 1988 par le programme des Nations unies pour l'environnement et l'Organisation météorologique mondiale (OMM).

à lier des alliances plutôt avec les partis de gauche. Mais l'écologie politique en tant que telle a bien des difficultés à exister.

En 1974, le courant fait son entrée en politique avec la candidature à la présidentielle d'un premier candidat sous étiquette « écologiste » : René Dumont. Celui-ci soutient l'idée (partagée par une partie de la gauche) de l'autogestion et de la démocratie participative. Il ne recueille que 1,32 % des suffrages mais réussit à avoir un gros impact médiatique et à éveiller les consciences, notamment avec son livre *L'Utopie ou la Mort !*[13]. Il est en quelque sorte le père fondateur de la famille politique des écologistes.

En 1984, Les Verts – qui deviennent Europe Écologie Les Verts (EELV) en 2010 – se structurent et commencent à peser aux élections européennes surtout. Leur première participation au pouvoir se produit dès 1988, ils entrent au gouvernement de Michel Rocard, sous la présidence de Mitterrand. Ils n'ont participé depuis qu'à des gouvernements de gauche. EELV est d'abord devenu le principal allié du Parti socialiste (PS), remplaçant à cette place le Parti communiste (PCF) déclinant. L'objectif de décroissance des années 1970 a été abandonné et remplacé par l'objectif de développement durable.

Outre leur ancrage à gauche, les écologistes d'EELV sont, comme le nom du mouvement l'indique, profondément attachés à une action politique à l'échelle européenne, voire au-delà. La pertinence de l'échelle transnationale, voire supranationale, leur paraît logiquement plus adaptée aux questions écologiques que l'échelle strictement nationale : la pollution, le réchauffement climatique ne connaissent pas les frontières. Sur ce point, ils peuvent se rapprocher d'autres familles résolument pro-européennes, comme les chrétiens-démocrates, les macronistes ou les socio-démocrates. En revanche, ils entrent en conflit avec les familles plus souverainistes (gaullistes, par exemple). Ce qui complique leur entente avec leurs alliés potentiels, ce sont leurs

13. René Dumont, *L'Utopie ou la Mort !*, Seuil, 1973.

exigences en matière d'écologie que les autres jugent souvent exagérées (sur l'interdiction des pesticides, l'arrêt du nucléaire, le tout-électrique, etc.).

La difficile diffusion des idées écologistes

Paradoxalement, le courant de pensée a gagné un peu tous les partis et l'écologie est une préoccupation commune à tous les mouvements, au moins en paroles, et de plus en plus axée sur la lutte contre le réchauffement climatique. Ainsi, il existe aujourd'hui un ministère de l'Écologie (dont la préfiguration est dès 1971 le ministère de l'Environnement), la France a signé le Protocole de Kyoto ; le Grenelle de l'Environnement, sous la présidence Sarkozy, a conduit à prendre des engagements environnementaux ; Emmanuel Macron se veut le « champion mondial des Accords de Paris » signés sous François Hollande, etc.

Il reste toutefois un domaine où les écologistes français peinent à imposer leurs idées et où ils sont très isolés : l'abandon de l'énergie nucléaire. 70 % de l'électricité produite en France est d'origine nucléaire, et l'objectif du président Hollande, qui était de réduire cette part à 50 % d'ici 2025 ou 2030, a été enterré. Le démantèlement de la plus vieille centrale nucléaire, à Fessenheim, n'est d'ailleurs pas encore terminé.

Une famille déjà éclatée et qui peine à s'élargir

Le candidat écologiste à la présidentielle de 2022, Yannick Jadot, n'a obtenu que 4,6 % des suffrages exprimés.

Des résultats électoraux contrastés

En 2014, une grande ville, Grenoble, s'est donné un maire écologiste : Éric Piolle. Depuis 2020, sept villes de plus de 100 000 habitants ont un maire écologiste (EELV), dont Lyon, Strasbourg et Bordeaux, ce qui prouve l'ancrage territorial du mouvement. Au niveau national, Nicolas Hulot, écologiste issu de la société civile, a été ministre de l'Environnement au début du premier quinquennat d'Emmanuel Macron, mais il a démissionné en dénonçant le manque d'ambition et de sincérité du gouvernement.

C'est davantage lors de l'élection pour le Parlement européen que le mouvement écologiste réalise ses meilleurs scores. Ainsi, en 2019, la liste EELV menée par Yannick Jadot a obtenu 13,5 % des suffrages exprimés. La famille écologiste arrive ainsi à placer ses membres dans les instances locales et au Parlement européen, mais plus difficilement aux législatives et à l'élection présidentielle.

Une famille éclatée et qui se cherche des alliances

En 2022, EELV participe à l'alliance de gauche aux élections législatives, la Nouvelle union populaire écologique et sociale (Nupes), puis au Nouveau front populaire (NFP) aux législatives de 2024. Cependant, l'ancrage à gauche du mouvement écologiste français ne doit pas faire oublier que d'autres formations écologistes, plus petites, occupent aussi cet espace politique. La famille est donc éclatée en plusieurs branches difficiles à réunir malgré de nombreuses tentatives.

Le 14 octobre 2023, EELV est devenu le parti Les Écologistes sous la présidence de Marine Tondelier. Ce nouveau mouvement, qui se veut plus large en accueillant potentiellement tous les membres de la famille écologiste, a présenté une liste conduite par Marie Toussaint aux Européennes de 2024. Ce n'est pas la première fois que la famille des écologistes essaie de se rassembler, EELV ayant déjà impulsé en 2020 la formation du « Pôle écologiste », une association composée d'EELV, de Génération.s, de Génération Écologie, de Cap21, de l'Alliance des écologistes indépendants (AEI) et du Mouvement des progressistes (autogestionnaire).

Cependant, les plus modérés, comme Génération Écologie et Cap Écologie (fusion entre Cap21 et l'AEI), ont refusé l'appartenance à la Nupes, brisant la fragile tentative d'union. Ainsi, on s'aperçoit que certains mouvements écologistes ne se situent pas à gauche, ils se revendiquent du centre (ni droite ni gauche) à l'image de Cap Écologie dirigé par Corinne Lepage (une ancienne ministre de la Transition écologique) ou bien de l'écologie dite intégrale défendue par Delphine Batho.

Les querelles de famille se complexifient encore quand une personnalité médiatique comme Aymeric Caron représente Révolution écologique pour le vivant (REV) au sein de la nébuleuse La France insoumise (LFI), donc très à gauche, et se fait élire (il est député apparenté LFI). Enfin, il faut compter avec le Parti animaliste qui présentait une liste aux élections européennes de 2024 (comme en 2019 où il avait obtenu 2,17 % des suffrages exprimés).

La famille écologiste souffre aussi d'un déficit de légitimité. D'une part, à cause de sa profonde division et de la difficulté à trouver un consensus sur la stratégie politique à adopter, notamment en ce qui concerne l'articulation entre écologie et social. D'autre part, parce que la question se pose de l'intérêt d'une force politique spécifique qui puisse influencer les politiques publiques, alors que la quasi-totalité des partis politiques français ont intégré des problématiques environnementales dans leurs programmes de gouvernement.

Défendant leur spécificité, les responsables écologistes se justifient en estimant que ces programmes demeurent très en retrait par rapport à leur projet politique. Les membres de la famille écologiste sont encore nombreux à appartenir en même temps à d'autres familles plus anciennes : socialistes, libéraux, républicains, démocrates-chrétiens.

Un texte représentatif : René Dumont, un pionnier de l'écologie politique

« Aujourd'hui je viens revenir [sic] en France pour étudier avec vous les problèmes très graves qui se posent [...]. Mais nous, les écologistes, on nous accuse d'être des prophètes de malheur et d'annoncer l'apocalypse. Mais l'apocalypse, nous ne l'annonçons pas, elle est là parmi nous, elle se trouve dans les nuages de pollution qui nous dominent, dans les eaux d'égouts que sont devenues nos rivières, nos estuaires et nos littoraux marins. On espérait tirer de ces eaux de la mer des ressources importantes, on pensait que ce serait le grenier de l'humanité de demain. Ces eaux, ces estuaires, ces plateaux continentaux, ce sont aujourd'hui nos poubelles, là où on jette tous nos détritus. [...] Le 16 mars, j'étais avec mes amis de la terre de la Porte d'Orléans à la Concorde, pour montrer que Paris pourrait être au moins pour un jour, et dans quelques rues, le domaine de ces instruments de transport à deux roues qui ne polluent pas. [...]

Je me présente ici comme un candidat propre, à tous les sens du terme puisque nous sommes pour la propreté de l'air et de l'eau, et parce que tous les comptes d'élection seront présentés au public, seront officiels. [...] Candidat propre qui respecte les murs, qui sait que le papier est rare, comme l'énergie, et qui, par conséquent, ne va pas couvrir nos murs d'affiches et vous ne verrez pas ma tête sur les murs de nos villes, d'abord parce que nous n'avons pas d'argent, ensuite parce que je n'ai pas envie de voir ma tête sur tous les murs de la ville. À quoi ça sert, quel argument ça apporte de montrer sa binette sur tous les murs de la ville ? C'est une grossière plaisanterie. »

Extrait de l'intervention télévisée de René Dumont du 19 avril 1974, dans le cadre de la campagne présidentielle de 1974, disponible sur enseignants.lumni.fr, 2003

Grande première, en 1974 émerge un candidat au nom de l'écologie. René Dumont évoque déjà tous les problèmes dont on a bien plus conscience aujourd'hui : pollution des océans, émissions de CO_2 à cause de la circulation automobile, raréfaction des ressources. On y décèle aussi une critique ironique de la société de consommation et du marketing politique, qui engendre le gaspillage, ainsi qu'une exigence de transparence financière. Autant de thèmes encore très présents dans le discours des écologistes. René Dumont a été un pionnier de l'écologie politique, une sorte de patriarche de la famille des écologistes.

Pour comprendre : l'écologie peut-elle être politique ?

La conscience écologique est d'abord d'ordre moral, d'où la question : l'écologie peut-elle être politique ? Elle est avant tout une aspiration philosophique, un désir d'harmonie entre l'Homme et la Nature, un amour du vivant. Elle peut même être proche d'une religiosité. Pour autant, il y a une dimension politique de l'écologie (au départ définie comme la science des écosystèmes). Elle est apparue avec la mondialisation qui pose les problèmes à l'ère de l'Anthropocène[14] (changement climatique et ses conséquences, par exemple).

Il y a donc des enjeux écologiques dans la société, de là peut naître un projet politique qu'on appellera l'écologie politique. C'est d'ailleurs pour cela qu'il y a des divergences dans la famille écologiste. L'écologie politique suppose une action collective pour transformer l'organisation économique et sociale actuelle

14. Nouvelle époque de l'histoire de la Terre qui se caractérise par l'avènement des hommes comme principale force de changement sur Terre.

dans le sens d'une meilleure prise en compte de l'intervention humaine sur l'environnement.

Votre proximité avec la famille des écologistes, faites le test !

Êtes-vous d'accord ou plutôt d'accord/pas d'accord ou plutôt pas d'accord avec ces propositions ? Si vous hésitez beaucoup, vous pouvez aussi répondre « ne se prononce pas ».

CROISSANCE ET DÉVELOPPEMENT

1. Pour l'essentiel, les progrès technologiques et la croissance économique sont responsables de la dégradation de l'eau, de l'air et des sols.
2. La croissance économique doit être fondée sur des modèles de développement durable.
3. Les nouvelles filières vertes sont porteuses de millions d'emplois pour l'avenir.

TRANSITION ÉCOLOGIQUE

4. Le nucléaire n'est pas une solution satisfaisante pour réaliser la transition énergétique.
5. Le partage équitable de l'eau est le plus grand enjeu du XXIe siècle.
6. Le train et les voies d'eau sont les modes de transport à privilégier.

AGRICULTURE ET DÉVELOPPEMENT RURAL

7. L'agriculture française utilise encore trop de pesticides.
8. Les organismes génétiquement modifiés (OGM) doivent être interdits en Europe.
9. L'élevage intensif est un crime contre les animaux et une aberration sanitaire.
10. La biodiversité est à rajouter au triptyque « Liberté, Égalité, Fraternité ».
11. La chasse est un loisir désuet et cruel.

CITOYENNETÉ ET DÉMOCRATIE

12. L'éducation aux écogestes devrait être une priorité de l'Éducation nationale.

13. Les solutions écologiques passent par une prise en charge des enjeux économiques et sociaux par les citoyens eux-mêmes.
14. Une VIe République est nécessaire en France : elle doit être plus parlementaire et démocratique que la Ve.
15. Le mode de scrutin proportionnel est préférable au mode de scrutin majoritaire actuel.

EUROPE

16. L'Union européenne est un levier indispensable de la lutte contre le changement climatique.
17. La sécurité et la défense sont des sujets qui doivent devenir européens.
18. Le futur de l'Union européenne doit être fédéral.

Maintenant, comptabilisez vos réponses « d'accord ou plutôt d'accord » :

- Moins de 4 : vous détestez l'écologie ou vous ne la comprenez pas. Ce n'est pas votre famille, vous y voyez sans doute des normes et des interdictions attentatoires aux libertés.
- Entre 5 et 12 : vous n'êtes pas politiquement écologiste, mais vous avez des préoccupations pour l'environnement. Vous vous méfiez probablement des politiques trop rigides ou des décisions trop lointaines. Vous ne semblez quand même pas prêt à changer radicalement de mode de vie et de production.
- Entre 13 et 18 : vous êtes un membre de la famille ! Vous êtes très critique vis-à-vis des institutions actuelles et du système productif capitaliste. Vous jugez l'échelle européenne comme la plus pertinente pour agir.

Un membre de la famille écologiste : Marine Tondelier

Marine Tondelier est née le 23 août 1986 dans le Pas-de-Calais. Elle a été désignée secrétaire nationale des Écologistes (ex-EELV) le 10 décembre 2022.

Plusieurs fois battue comme candidate écologiste aux élections municipales et aux législatives, elle est conseillère municipale d'opposition à Hénin-Beaumont, ville dirigée par le Rassemblement national (RN), et conseillère régionale d'opposition de la région des Hauts-de-France. Elle participe en 2024 à la création du NFP bâti pour affronter les législatives avec une stratégie d'union de la gauche et des écologistes. Elle agit ainsi en cohérence avec sa lutte permanente contre l'exercice du pouvoir par le RN et l'extrême droite qu'elle mène en sa qualité d'opposante dans une mairie RN – elle a d'ailleurs publié un livre sur le sujet : *Nouvelles du Front*[15]. Elle a beaucoup gagné en notoriété lors de la campagne législative 2024 par ses compétences de médiatrice entre les organisations de la coalition NFP, une communication rafraîchissante qui contrastait avec l'habituelle langue de bois des chefs de parti et… son indémodable veste verte.

Parmi ses propositions marquantes depuis son entrée en politique, on peut noter le lien qu'elle fait systématiquement entre justice sociale et écologie, la défense des services publics, son soutien à la désobéissance civile en matière de militantisme écologique, son opposition au lobby des chasseurs (elle réclame l'interdiction de la chasse le dimanche), sa dénonciation du manque de pluralité politique de certains médias dont CNews et l'absence de régulation du réseau X. Elle s'est prononcée pour l'organisation d'un référendum sur la question du traité de commerce avec le Mercosur[16].

Quels sont les traits d'appartenance de Marine Tondelier à la famille écologiste ? Elle a consacré une partie de sa carrière professionnelle, de 2017 à 2022, au service de la Fédération Atmo France, une fédération d'associations agréées de surveillance de la qualité de l'air. On voit ici sa préoccupation première

15. Marine Tondelier, *Nouvelles du Front*, Les Liens qui Libèrent, 2017.

16. Le Mercosur est le Marché commun du Sud, en fait d'Amérique du Sud, composé du Brésil, de l'Argentine, de l'Uruguay, du Paraguay et de la Bolivie.

pour les questions environnementales. Pour ces raisons, elle est aussi devenue végétarienne en 2009, année de son adhésion à EELV. Elle a été la collaboratrice parlementaire de Cécile Duflot, une figure du mouvement écologiste, et porte-parole du candidat EELV, Yves Jadot, à la présidentielle de 2022. Sur sa page Facebook, elle affiche sur sa photo de couverture la personnalité de René Dumont, premier candidat écologiste à une élection présidentielle, en 1974. Elle y parle de combiner justice sociale et justice environnementale.

En 2023, son parti a pris un nouveau nom : Les Écologistes, jugé plus rassembleur. La volonté affichée est de mobiliser au-delà des seuls adhérents, avec un objectif d'un million de sympathisants en 2027. L'objectif est à l'ouverture, l'élargissement de la famille, avec l'idée de peser plus dans l'union de la gauche, Nupes hier, NFP aujourd'hui. Marine Tondelier reste donc dans une stratégie d'alliance à gauche.

Elle annonce être à la recherche du « peuple de l'écologie » (ce qui n'est pas synonyme de l'écologie du peuple). Elle voudrait favoriser dans sa famille politique un « engagement à la carte » mais sans changer de valeurs. L'espoir est aussi de recruter davantage en milieu rural, quand aujourd'hui l'écologie s'épanouit plus au cœur des villes. Pour réaliser ses objectifs, Marine Tondelier fait très attention à son discours qu'elle oriente vers du plus positif, du moins clivant. Le parti aimerait bien aussi établir des collaborations avec des organisations de la société civile. Dans le changement de nom, deux termes jugés clivants ou repoussoirs ont été éliminés : « Les Verts » qui suscite un rejet d'ordre idéologique, « Europe » qui engendre une crainte d'éloignement démocratique.

CHAPITRE 12

LA NOUVELLE FAMILLE MACRONISTE : LA DÉMOCRATIE SANS L'ALTERNANCE

Au programme :

- Le dernier-né des courants politiques : la démocratie sans le parti
- Un dépassement des familles politiques : une idéologie de « l'en-même-temps »
- Et si le macronisme n'était pas l'émergence d'une nouvelle famille politique ?
- Un texte représentatif : un hommage à la démocratie libérale mais un nouvel enjeu

Informations clés

- **Dates :** 2016 – parution du livre d'Emmanuel Macron, *Révolution*, et création de En marche ; 2017 – élection d'Emmanuel Macron à la présidence de la République, En marche devient La République en marche ; 2019 – mouvement de contestation des Gilets jaunes ; 2020-2021 – pandémie de Covid-19 ; 2022 – La République en marche (LREM) devient Renaissance, réélection de Macron, majorité relative à l'Assemblée nationale ; 2023 – usage du 49.3 pour l'adoption de la réforme des retraites, fortes contestations sociales ; 2024 – dissolution de l'Assemblée nationale à la suite des résultats des élections européennes, absence de majorité à l'Assemblée, Renaissance devient Ensemble !

- **Principaux partis** : Ensemble !, Mouvement démocrate (MoDem), Horizons (partis politiques faisant partie de la coalition macroniste).
- **Principaux chefs de partis** : Gabriel Attal (Ensemble !), François Bayrou (MoDem), Édouard Philippe (Horizons).

« *Emmanuel Macron est le candidat attrape-tout.* »

Alain Duhamel

En 2016-2017, à l'occasion de l'élection présidentielle qui a vu le président sortant, François Hollande, renoncer à se représenter, a émergé un homme, qui, sans grande expérience politique, est parvenu à se faire élire : Emmanuel Macron.

Le dernier-né des courants politiques : la démocratie sans le parti

Pour exprimer ses idées, les faire connaître et les défendre, il publie un livre, *Révolution*[17], monte à la hâte un mouvement politique (En marche) et voit se rallier de nombreuses personnalités politiques venues autant de la gauche que de la droite, et des représentants de la société civile.

Cette ascension fulgurante et couronnée de succès ne s'est jamais vue sous la Ve République. Tous les présidents avant Emmanuel Macron ont eu une longue carrière politique avant d'accéder au sommet du *cursus honorum* républicain. Ce visage nouveau et cette parole nouvelle (il a tout de même été le ministre de l'Économie du président Hollande pendant deux ans) arrivent à point nommé dans un contexte d'usure des partis de gouvernement, de perte de confiance des électeurs vis-à-vis de leurs représentants traditionnels. Les candidats issus des partis alternant au

17. Emmanuel Macron, *Révolution. C'est notre combat pour la France*, XO, 2016.

pouvoir depuis 1981 (le Parti socialiste [PS] et l'Union pour un mouvement populaire [UMP]), pourtant désignés par un processus de primaires, en payent le prix.

Emmanuel Macron a un côté transgressif en 2017. L'obsession qu'il exprime dans son livre, ses discours et toutes ses interventions publiques, c'est le dépassement des clivages. Il est comme « le fils » tuant « le père » et s'émancipant de toute famille, se lançant sur les chemins pour tracer sa propre voie et, pourquoi pas, fonder son propre lignage ?

Lassés des partis traditionnels et de leurs leaders usés, les Français ont pu être séduits par le dégagisme poli et rassurant de Macron plutôt que par celui malpoli et menaçant de Mélenchon (candidat de La France insoumise [LFI]). Le renouveau proposé ne vient que d'un seul homme autour duquel s'agrègent des individus issus de familles différentes et n'ayant donc que peu de culture idéologique commune. Sans doute est-ce possible grâce à notre système très présidentialiste, lequel permet à un seul individu de s'émanciper plus facilement du groupe.

Un dépassement des familles politiques : une idéologie de « l'en-même-temps »

La diversité des ralliements au candidat puis au président, la marginalisation des deux grands partis de gouvernements – celui de gauche dès 2017 (Benoît Hamon du PS ne réalise qu'à peine plus de 6,5 % des suffrages), celui de droite en 2022 (Valérie Pécresse des Républicains [LR] reste en dessous des 5 % des suffrages) – laissent à penser que le macronisme est un rassemblement de pensées, de courants divers. Cette cohabitation de courants politiques d'horizons variés signifie-t-elle un effacement des solidarités politiques familiales ? Ou plus simplement un assemblage artificiel de différentes branches familiales qui ne tient que par la loyauté au même chef ?

En d'autres termes, on peut se demander si le macronisme est une nouvelle famille politique ou une forme modernisée d'une famille politique traditionnelle, ou bien tout simplement s'il n'est pas en soi une famille politique, auquel cas il risque de ne pas durer au-delà des mandats de l'actuel président.

Un néo-bonapartisme ?

Selon Jacques Sardes et Didier Peyrat[18], le macronisme s'apparente à un néopopulisme à la Napoléon III. Il est vrai que l'empereur se montra libéral (traité de libre-échange avec la Grande-Bretagne en 1860), étatiste (politique de grands travaux), autoritaire (surtout au début) mais ouvert (même au droit de coalition des ouvriers). Par certains aspects, sa pratique du pouvoir très centralisée et peu transparente fait écho à la manière dont le président Macron a géré la crise sanitaire en 2020-2021. Il faut en effet juger aussi sur la pratique du pouvoir et la concrétisation ou non des révolutions qu'il annonçait pendant sa campagne.

De ce point de vue, les similitudes ne manquent pas pendant le premier quinquennat (2017-2022) avec le césarisme démocratique des années 1852-1870. Après l'élection présidentielle, les élections législatives ont servi de vote plébiscitaire pour Emmanuel Macron, ce que n'avait pas pu être son élection directe (24 % des suffrages exprimés au premier tour). Le parti présidentiel LREM emporte la majorité absolue des sièges à l'Assemblée. Puis, la pratique « jupitérienne » des prises de décision, le grand débat où le président sillonne la France et se met en scène dans un grand dialogue avec les Français passant outre

18. Dans la revue *Humanisme*, 2017/04 (n° 317).

les corps intermédiaires, la gestion de la crise de la Covid-19 en Conseil de défense aux délibérations secrètes, tout rappelle la façon de procéder du bonapartisme version Second Empire… ou du gaullisme époque de Gaulle.

Les reproches de ses adversaires concernant l'autoritarisme, la verticalité du pouvoir, le manque de transparence et l'antiparlementarisme (peu de rôle pour le Parlement) vont aussi dans le sens d'une assimilation à un « gaullo-bonapartisme », sinon en doctrine, du moins en pratique. Le recours au Conseil de défense pendant la pandémie plaide en ce sens, dans la mesure où ce Conseil est normalement utilisé pour les questions d'antiterrorisme et de défense. Son usage pour des questions sanitaires était pour le moins inattendu et osé. De plus, certains projets de loi y ont vu le jour alors qu'ils n'étaient aucunement liés à la problématique sanitaire : ainsi en fut-il de la loi sur le séparatisme.

Procéder de la sorte dispense de s'appuyer sur la société civile, sur le Parlement. C'est une démarche peu démocratique où la concentration du pouvoir est extrême, l'exercice des contre-pouvoirs limité, et où la décision finale appartient de fait essentiellement à un seul homme : le président. La méthode ayant ses revers du reste, comme l'ont montré la jacquerie moderne des Gilets jaunes et la protestation contre le passe sanitaire mais aussi la multiplication des plaintes au pénal contre des ministres, au premier rang desquels Agnès Buzin (ministre de la Santé) et Édouard Philippe (Premier ministre). L'irresponsabilité pénale du président lui permet de ne pas craindre de telles poursuites.

Il n'en reste pas moins que, si le mode de gouvernance peut rappeler le gaullisme ou le bonapartisme, cela ne fait pas du macronisme un rejeton de cette droite autoritaire. Il va de soi que le président actuel ne peut pas se revendiquer d'une légitimité historique, il était vraiment un « homme neuf » en 2017. Louis-Napoléon avait eu un oncle, de Gaulle en 1958 était l'homme du 18 juin 1940. De plus, le macronisme n'a pas un électorat aussi hétéroclite que le gaullisme. Enfin, ce serait du gaullisme sans la grandeur, ce qui n'est pas concevable.

Un néo-orléanisme ?

Certains penchent davantage pour assimiler le macronisme à l'orléanisme. D'une part, pour son libéralisme, d'autre part, pour l'idée qu'on est le juste milieu, le parti de la Raison contre la radicalité déraisonnable. Force est de reconnaître que les macronistes doivent combattre sur deux fronts, à leur gauche et à leur droite. De plus, les études postélectorales montrent, plus encore en 2022 qu'en 2017, que la clientèle électorale du candidat Macron est constituée des élites économiques du pays et des retraités aisés (les rentiers version moderne ?), ceci faisant écho au soutien de la bourgeoisie sous Louis-Philippe Ier.

On touche maintenant à ce qui peut le mieux s'appliquer au macronisme dans les cadres connus de l'histoire des idées politiques en France. Emmanuel Macron est un libéral. Libéral assumé en économie, libéral hésitant sur les sujets de société. Il se réfère constamment à la philosophie des Lumières, y compris dans son livre de 2016 dans lequel il entend faire œuvre de rupture en recourant systématiquement au concept d'autonomie. Le fondement de sa doctrine, s'il en a une, est bien la liberté.

Cela n'a rien d'original dans le paysage politique contemporain : nous sommes tous, peu ou prou des libéraux, et Emmanuel Macron est donc lui aussi issu de cette famille. Mais la liberté est une notion vaste. Dans son livre, il entend par-là la liberté pour l'individu de pouvoir s'épanouir dans la société. Avec ce postulat de départ, sa pensée est presque étrangère à la politique (il n'a pas une longue carrière politique derrière lui, rappelons-le) ; il a une vision presque apolitique du monde, ce qui explique que le clivage droite/gauche lui paraisse obsolète. Pour lui, il n'y a que des positions raisonnables contre des positions déraisonnables. Et il veut sans cesse convaincre par la raison, à la manière d'un philosophe des Lumières, sans le véritable dialogue dans la confrontation qui nourrit le débat démocratique traditionnel. Le schéma politique classique de la démocratie, c'est un conflit entre Droite et Gauche, qui débouche sur un compromis (plus ou moins en faveur de l'une ou de l'autre selon les rapports de force), le schéma macronien de la démocratie, c'est le rassemblement au centre d'une majorité raisonnable qui s'accorde sur un consensus et rejette aux deux extrémités de l'axe partisan les minorités déraisonnables.

Un libéralisme républicain teinté de technocratisme

Libéral, le macronisme est-il un courant républicain (c'est-à-dire qui ressort du républicanisme) ? Le courant émanant de l'homme politique, la question revient à se demander ce qu'il y a de fondement politique chez Emmanuel Macron, malgré le relatif apolitisme philosophique que je viens d'évoquer. On peut reconnaître dans ses paroles et ses actes de gouvernement un universalisme républicain français assez traditionnel sur le plan des principes, un volontarisme économique et entrepreneurial sur le plan économique (le concept de *start-up nation*) et une profonde conviction européenne au niveau international. Parce que je la trouve pertinente, je reprendrai ici à mon compte la liste des « points de repères » établie par Jean-Marc Sylvestre[19] pour mieux appréhender l'ossature politique d'Emmanuel Macron.

Il est sincèrement républicain, mettant en avant la liberté, l'égalité et la fraternité. Il attache beaucoup d'importance à l'école (qu'il a tenu à laisser ouverte le plus possible pendant

19. Dans Atlantico.fr, le 23 mars 2022.

les pics épidémiques malgré les inconvénients), une école laïque pour échapper au séparatisme, religieux ou ethnique. Il rejette le racialisme au nom de l'universalisme républicain.

Il est libéral et pro-entreprise, il a une volonté de baisser les impôts et les réglementations pesant sur les entreprises, et mène en cela une politique de l'offre. Il est aussi mondialiste mais avec une régulation par des accords bilatéraux via l'Union européenne.

Il est profondément européen, tendance fédéraliste, et s'oppose donc au nationalisme et à l'identitarisme. J'ajoute ici que c'est même l'ADN du mouvement qu'il anime et dirige. De sa capacité à réformer l'Europe pour une Europe qui protège et gagne en puissance dépendra la réussite de ses mandats et la pérennité de son action. Par rapport à ses prédécesseurs, c'est une identité forte. Il en diffère peu en revanche sur le reste de sa politique malgré ses prétentions premières de rupture.

Il conçoit que l'État doive faire vivre la solidarité nationale dans les moments de crise, comme le montre sa politique du « quoi qu'il en coûte » pendant la pandémie.

Il est schumpetérien (conforme aux idées de l'économiste autrichien Joseph Schumpeter). Pour lui, l'acteur clé du développement économique, c'est l'entrepreneur innovateur (qualifié maladroitement sans doute de « premier de cordée »).

Une dernière version du macronisme est parfois mise en avant, sans qu'elle constitue un courant de pensée en soi, c'est le technocratisme. Tous les gouvernements, et plus encore sous la Ve République, ont eu recours à des technocrates, entendons par-là des hauts fonctionnaires formés dans les grandes écoles, au premier chef desquelles l'École nationale d'administration (ENA). Mais c'est une chose de recourir aux services de cette élite technique théoriquement formée pour gérer l'administration justement, et c'en est une autre que de la mettre en avant, de la promouvoir et de s'appuyer sur ses membres pour gouverner.

Cette dernière tendance serait une marque distinctive de la pratique du pouvoir par Emmanuel Macron.

La formation du premier gouvernement de son second quinquennat semble confirmer cette propension à nommer ministres des technocrates jamais élus par ailleurs, à commencer par la première d'entre eux, Élisabeth Borne. L'argument de la compétence permet alors de pallier le manque de contenu proprement politique et de légitimité électorale. Le rappel permanent de la complexité, de la nécessité d'une expertise pour agir qui est un trait évident du macronisme empêche aussi les confrontations d'ordre purement politique[20], il y a là une potentialité adémocratique, parce qu'apartisane, apolitique en somme.

En cela, Emmanuel Macron s'inscrit tout de même dans la pratique courante d'une technocratie de gauche qui occupe le pouvoir sous les présidents socialistes Mitterrand puis Hollande, depuis Laurent Fabius en 1984 jusqu'à… Emmanuel Macron en 2014. Une technocratie de gauche qui exerce le pouvoir sans trop d'égard pour les classes populaires, qui ne votent plus à gauche ou ne votent plus du tout. L'inconvénient majeur de cette façon d'occuper le pouvoir, d'un point de vue démocratique, c'est que les choix technocratiques ne sont pas soumis au contrôle parlementaire comme pourraient l'être les choix d'une majorité d'ordre politique. La nomination d'un nouveau gouvernement début 2024, avec plus de ministres purement politiques, surtout issus de la famille républicaine de droite, n'a pas changé forcément la donne puisque ceux-ci n'ont pas de relais au Parlement sous la forme de groupes parlementaires soutenant leur action.

Autoritarisme, technocratisme, antiparlementarisme, manque de transparence des prises de décision, les critiques pleuvent contre le mode de gouvernance d'Emmanuel Macron, sans

20. La dernière manœuvre de ce type a été la création d'une « mission-flash » pour aborder l'urgence d'agir pour les urgences (à l'hôpital).

qu'on puisse y retrouver, ni un corpus idéologique bien défini, ni les caractéristiques d'une famille politique bien identifiée.

Et si le macronisme n'était pas l'émergence d'une nouvelle famille politique ?

Le macronisme se définit lui-même par son pragmatisme, tout le contraire d'une idéologie. Il est insaisissable par rapport aux catégories politiques traditionnelles parce que flexible, souple jusqu'à la contorsion. Pragmatisme et opportunisme donc. Difficile dans ces conditions d'en dessiner les contours. D'autant qu'à regarder de près la répartition des votes, l'électorat Macron penchait plutôt à gauche en 2017 mais plutôt à droite en 2022.

Un pragmatisme sans référence filiale

La philosophe Myriam Revault d'Allonnes estime que le macronisme pratique « l'art de dévoyer les concepts[21] » et qu'Emmanuel Macron assume sa représentation de la société à l'image d'une grande entreprise qu'il faut, non pas gouverner, mais manager[22]. Dans le fond, dit-elle, le macronisme est plus un imaginaire social qu'une idéologie. Partant toujours d'une appréciation du réel, Emmanuel Macron s'adapte à un monde imposé, comme s'il n'y avait pas d'autre choix possible, ainsi il nie toute alternative : en cela, il n'est aucunement porteur d'une rupture ou de la révolution qu'il annonçait en 2017. Son libéralisme est purement individualiste et apolitique, il conçoit toujours l'individu avant le citoyen.

21. Sur l'antenne de France Culture, le 24 janvier 2021.

22. Sur Lemonde.fr, « Le macronisme est une politique de l'insensible », le 16 décembre 2019.

L'adaptation aux circonstances semble bien être la marque la plus nette du macronisme, et cette souplesse a pu avoir ses vertus pendant la longue crise sanitaire, économique et sociale provoquée par la pandémie de Covid-19. Faisant fi de ses précédents engagements, le président s'est contredit en faisant appel à l'État providence (pour les entrepreneurs, pour les salariés) et s'est mis à considérer les « petits », « ceux qui ne sont rien », les « derniers de cordée » (aides-soignantes, caissières, livreurs, etc.) – au moins en paroles. Cette facilité d'adaptation ne manque pas cependant de désorienter, et les acteurs du jeu politique, et les citoyens. Pour la journaliste et essayiste Natacha Polony, Macron est un « coucou », cet oiseau qui pond son œuf dans le nid des autres et dont la progéniture finit par prendre toute la place !

Ainsi, le macronisme n'est peut-être pas un courant d'idées, c'est une pensée plastique, celle d'un seul homme avec un parti sans idées propres, d'où une personnalisation encore plus forte du pouvoir[23]. Le macronisme est plutôt une méthode de gouvernance : verticale, antiparlementaire, dépolitisée, à tendance consultative directe (conventions, grands débats, Conseil national de la refondation, voyages de terrain). Les annonces du début du second mandat promettant plus de concertation dans les prises de décisions n'ont pas remis en cause cette pratique, bien que les urnes aient tranché aux élections législatives refusant au président une majorité absolue à l'Assemblée nationale.

Les membres de LREM semblent d'ailleurs conscients de cette vacuité idéologique. Le changement de nom du parti en Renaissance devait s'accompagner en 2022 de nouveaux statuts adossés à une charte idéologique. Cela faisait cinq ans que les proches du président essayaient en vain de définir le macronisme. Espérons, pour eux, pour le pays et pour la démocratie,

23. La présidentialisation des démocraties est une tendance même dans les régimes plutôt parlementaires de tradition. Voir Pierre Rosanvallon, *Le Bon Gouvernement*, Seuil, coll. « Les livres du nouveau monde », 2015.

qu'ils y parviennent désormais. Mais la reconnaissance de courants dans le mouvement renommé Ensemble ! et la nécessité de composer avec les partis alliés (MoDem et Horizons) et même avec des opposants depuis la dissolution ratée de 2024 révèlent au grand jour la diversité du mouvement et l'absence de ligne commune au fur et à mesure que l'autorité d'un président non rééligible s'amenuise. L'arrivée à Matignon du chrétien-démocrate François Bayrou en décembre 2024 accentue cette impression de décomposition. Pas sûr donc que le macronisme survivra à Macron.

Un contorsionnisme de la pensée

Plus que tout, ce qui ne fait pas du macronisme un courant de pensée, c'est la facilité avec laquelle il se débarrasse d'un habit pour en enfiler un autre, de l'habit néolibéral à l'habit keynésien, et vice versa. S'il y a bien un domaine cependant où le macronisme est cohérent, c'est sur l'Europe. Son européisme tient lieu de ciment, il n'y a qu'à remarquer que la quasi-totalité de ses partisans proviennent du vote favorable au Traité constitutionnel européen (TCE) en 2005 (rejeté par référendum sous la présidence de Jacques Chirac), et ses opposants au vote défavorable ou à tout le moins au scepticisme et à la critique. C'est peut-être paradoxalement sa plus grande faiblesse car la France n'a pas la capacité (ni juridique ni politique) de diriger l'Union européenne.

L'ambition d'Emmanuel Macron et de tous les macronistes n'est pas de fonder une nouvelle famille qui répondrait aux exigences d'un moment historique particulier, comme cela s'est produit à différentes étapes de notre histoire (l'orléanisme de 1830, le gaullisme de 1958, par exemple). Il s'agit plutôt d'un opportunisme de circonstance qui a forgé une coalition entre membres de familles différentes qui voulaient échapper soit au déclin de leur groupe familial (les socialistes comme Richard Ferrand,

Christophe Castaner), soit à leur marginalisation à l'intérieur de la famille (les libéraux de droite et certains écologistes : Bruno Le Maire, Édouard Philippe, François de Rugy).

Un texte représentatif : un hommage à la démocratie libérale mais un nouvel enjeu

> *« [...] Vous nous avez rassemblés pour évoquer le seul modèle politique qui permette de défendre ces droits et libertés : la démocratie. Oserais-je même dire, dans les temps que nous vivons, la démocratie libérale. C'est-à-dire celle qui, en profondeur, dans toutes ses composantes, préserve les libertés individuelles et civiques de nos concitoyens.*
>
> *Ce modèle a fait ses preuves ces derniers mois, ces dernières années, ces dernières décennies, ces derniers siècles. Ces derniers mois en particulier parce que nous traversions l'une des pires pandémies, une véritable tempête mondiale. Ce modèle nous a permis tout à la fois de protéger nos citoyens et de préserver les droits et libertés [...].*
>
> *Quand je regarde la résistance des démocraties dans le monde à ce virus, et l'attitude, le comportement, des puissances autoritaires, je considère que c'est une démonstration claire de la force des démocraties [...]. Et pourtant nous faisons tous face à un nouvel enjeu : comment étendre cet ordre public ? Comment maintenir nos équilibres entre liberté et responsabilité ? Et l'articulation des libertés de tous nos concitoyens dans la sphère publique, comment l'étendre à la sphère numérique ? »*

Extrait du discours d'Emmanuel Macron, le 9 décembre 2021,
au Sommet pour la démocratie, organisé par les États-Unis,
disponible sur vie-publique.fr

Emmanuel Macron manifeste ici sans ambages son attachement à la démocratie libérale qu'il considère non seulement comme le régime souhaitable mais aussi comme le plus résilient, en prenant comme preuve la façon dont les démocraties ont traversé l'épreuve de la crise sanitaire de 2020-2021. Il exprime aussi ses craintes quant à la protection à la fois des libertés individuelles et de l'ordre public face au développement rapide et non régulé de l'économie numérique.

Pour comprendre : Emmanuel Macron n'est-il réellement ni de droite ni de gauche ?

Quelles sont les idées mises en avant au départ de l'aventure macroniste, en 2016-2017 ? Le candidat Macron se revendique et de droite, et de gauche. Ce n'est pas la première fois qu'un homme politique tente de briser la barrière hermétique entre la droite et la gauche sous la Ve République, mais c'est la première fois qu'il n'emploie pas le « ni droite ni gauche » (qui peut s'appliquer aussi bien au gaullisme dans le dépassement qu'au centrisme d'un François Bayrou dans la recherche d'une troisième voie).

Emmanuel Macron promet un « monde nouveau » dans la façon de gouverner, plus ouvert à la société, moins manichéen, renouvelé dans son personnel, sans affiliation à un parti idéologiquement structuré. L'intégration de l'écologie avec la nomination de Nicolas Hulot au ministère de la Transition écologique devait en être l'illustration sinon la démonstration (mais il démissionna dès le 28 août 2018).

Le slogan, et premier nom du parti présidentiel, En marche, tient largement lieu de programme. Il n'y a en fait pas vraiment de programme et Emmanuel Macron le revendique dès les premières pages de son livre *Révolution*. Il ne veut pas, écrit-il, « faire un catalogue de promesses qui ne seront pas tenues ». Il a compris que les Français en sont lassés. Il capitalise sur le besoin de renouveau, de « faire de la politique autrement », de dégager les sortants et certainement, c'est l'analyse d'Emmanuel Todd, sur un antilepénisme qui le dispense d'avoir un programme digne de ce nom. On peut concevoir qu'Emmanuel Macron représente alors une sorte de pragmatisme progressiste plus rassurant, plus politiquement correct que le populisme frontiste. Sa rhétorique du « en-même-temps » pour affirmer la complexité du réel et justifier son « et droite, et gauche » lui permet de ratisser large.

Pour l'historien Jean-Pierre Rioux[24], il n'est pas centriste même s'il occupe une position centrale entre deux pôles radicaux : LFI et le RN. L'historien en veut pour preuve qu'Emmanuel Macron ne fait jamais référence à ceux qui ont essayé de faire gagner le centre sous la Ve République : Jean Lecanuet en 1965, Jacques Chaban-Delmas en 1969, Valéry Giscard d'Estaing en 1976, Jacques Delors en 1995 ou François Bayrou en 2007. Pas de filiation revendiquée avec le centre qui préfère pratiquer le « ni droite ni gauche » plutôt que l'emprunt tantôt d'un côté, tantôt de l'autre : le macronisme est libéral et étatiste, autoritaire et ouvert, centriste et pas centriste... Il a quand même obtenu le soutien du MoDem, parti centriste par excellence et de tradition démocrate-chrétienne, mais quelle est la part d'opportunisme dans ce ralliement ?

Parce qu'Emmanuel Macron n'a pas, ou pas encore, fait souche dans le paysage politique français, il n'est pas possible (ou pour le moins prématuré) de vous proposer un test d'appartenance à une famille macroniste bien hypothétique. On peut être d'une autre famille politique et être macron-compatible ou pas. Chaque lecteur jugera par lui-même de son cas personnel.

24. Sur lopinion.fr/dossiers, le 10 janvier 2018.

CONCLUSION

Au cours du temps, on peut constater le déclin, parfois jusqu'à l'effacement, de certaines familles politiques : les monarchistes d'abord, à partir de la fin du XIXe siècle ; les orléanistes disparaissant presque totalement dans les années 1880. Les bonapartistes s'évanouissent à peu près à la même époque. Les agrariens ne sont plus guère représentés après les années 1960. Plus récemment, les gaullistes sont rapidement devenus orphelins du général de Gaulle après sa disparition en 1970 et ont été marginalisés par l'intégration européenne des années 1990 : Philippe Séguin et Charles Pasqua livrent en quelque sorte le dernier combat gaulliste lors de la campagne du référendum du traité de Maastricht en 1992.

Dans le même temps surgissent de nouvelles familles nées des circonstances et des nouvelles demandes politiques des temps nouveaux. Le cas type en étant les écologistes qui entrent politiquement en scène en 1974 avec la candidature de René Dumont à la présidentielle. Tandis que d'autres familles sont en essor ou en renouveau : les libéraux et les nationalistes tout particulièrement en ce premier quart du XXIe siècle.

La famille dépasse de loin le cadre étroit des partis. On a montré combien des familles politiques pouvaient essaimer dans plusieurs partis. Un temps, la famille libérale a vu se diviser ses membres entre le Parti socialiste (PS) et l'Union pour un mouvement populaire (UMP). Ce n'est qu'avec l'effondrement de l'alliance des gauches qu'en 2017, de nombreux libéraux du PS ont quitté leur parti pour rallier le candidat Macron (tel Richard Ferrand), tout comme l'ont fait aussi des libéraux de droite, Bruno Le Maire et Édouard Philippe, par exemple.

À l'inverse, dans certains partis cohabitent (difficilement, d'où l'affaiblissement des partis politiques concernés et la fuite de certains) des membres de familles politiques différentes et parfois historiquement opposées. Le parti Les Républicains (LR), bien que désormais replié sur lui-même, continue d'abriter des membres de la famille libérale (Valérie Pécresse, Xavier Bertrand) et des membres de la famille nationaliste (Bruno Retailleau, Laurent Wauquiez). À La France insoumise (LFI), qui se définit plus comme une nébuleuse, un réseau que comme un parti proprement dit, se rassemblent des socialistes (François Ruffin), des républicains de gauche (Clémentine Autain), des écologistes (Aymeric Caron, Aurélien Taché), des communistes (Jérôme Legavre), des anarchistes (les « vrais » insoumis), etc.

Les partis rassemblent parfois assez harmonieusement plusieurs familles ou branches familiales. C'est seulement ainsi qu'ils peuvent grossir et atteindre la majorité, donc qu'ils peuvent espérer gouverner. Ce fut le cas du PS, fondé en 1971 au Congrès d'Épinay. Pendant les années 1970, il agrégeait toutes les tendances de la gauche non communiste. Toutefois, ces situations durent peu, la démocratie étant un système politique instable dans lequel les coalitions se font et se défont. C'est ainsi que toutes les figures du social-libéralisme issues du courant strauss-kahnien du PS sont à l'origine du lancement d'En marche en 2016, qui mit sur orbite la candidature d'Emmanuel Macron. C'est ainsi que des leaders LR qui avaient soutenu Alain Juppé contre François Fillon lors de la primaire de la droite de 2016 rejoignirent Emmanuel Macron, le nouveau poulain de l'écurie sociale-libérale, Édouard Philippe en tête. C'est ainsi qu'Éric Ciotti, président de LR, s'est rapproché du RN en 2024 sans l'assentiment de la majorité de son parti.

Un nouveau clivage est en cours de constitution à partir de 2017, qui rompt avec le traditionnel affrontement droite/gauche. D'un côté, des sociaux-libéraux décidés à relancer la construction européenne (des européistes), de l'autre, des « passéistes » encore attachés à la différence gauche/droite et passablement critiques vis-à-vis du projet européen. Cet élan au centre impulsé par Emmanuel Macron a débouché sur une sorte de triade, très visible depuis 2022 avec un camp central qui s'autoproclame celui des « progressistes » et deux camps dits « conservateurs » : l'un à gauche (ce sera la Nouvelle union populaire écologique et sociale [Nupes], puis le Nouveau front populaire [NFP]), l'autre à droite (droite dure quittant LR et extrême droite).

Cette répartition par tiers n'est pas pour autant un tripartisme. Le NFP est constitué d'au moins quatre partis politiques (sans compter les membres de petits partis inscrits dans le groupe parlementaire « Insoumis »). À l'extrême droite, si le RN est ultradominant, il existe plusieurs autres formations : Les Patriotes, Reconquête!, Debout La France (DLF), l'Union des droites pour la République (UDR). La coexistence des douze familles politiques historiques ne permet pas de réduire la compétition électorale à seulement deux ou trois partis.

Néanmoins, on a, d'un côté, une sorte de famille recomposée qu'on pourrait qualifier de sociale-libérale, rassemblée à partir de 2017 autour d'Emmanuel Macron ; et, de l'autre, une famille nationaliste élargie (mais pas totalement rassemblée) représentée par le RN derrière Marine Le Pen. L'antagonisme majeur entre ces deux entités porte sur la question nationale : jusqu'où accepter l'effacement national pour satisfaire à l'unité européenne ? Pour calmer les revendications autonomistes (Corse, Nouvelle-Calédonie) ? Pour gagner une meilleure relation avec le Sud global (responsabilité dans le génocide rwandais, relation avec l'Algérie) ?

L'avenir des familles politiques est difficile à prédire.

Il paraît cependant acquis que les familles communiste et socialiste, qui s'étaient formées sur une base ouvrière et ouvriériste, n'ont plus d'avenir. Les partis qui les personnifient sont d'ailleurs à leur étiage électoral. Ils doivent se redéfinir, à l'image du

PS qui affiche le slogan « social et écologique » et qui s'allie pour les Européennes à Place publique (mouvement « citoyen » ?), représenté par Raphaël Glucksmann.

L'avenir de la mouvance macroniste est incertain. C'est un assemblage fragile, quoique sa plasticité puisse l'aider à durer. L'interdiction de la réélection du président Macron en 2027 risque de faire éclater cet assemblage. C'est ici que l'analyse par famille politique aide à comprendre les relations des partis entre eux et les démarches de type opportuniste des politiciens. Autour d'Emmanuel Macron s'agrègent en effet des sociaux-démocrates, des sociaux-libéraux, des néolibéraux, des démocrates-chrétiens, des républicains nationaux.

La famille nationalistes/traditionalistes paraît mieux armée pour durer. Son avenir politique dépendra de la capacité des dirigeants du RN à rassembler la branche républicaine et la branche plus identitaire de la famille, d'attirer à eux les membres de LR situés sur leur gauche et les membres de Reconquête! situés sur leur droite. Une gageure a priori mais qui n'est pas sans rappeler l'espoir suscité en ce sens par François Fillon en 2016, avant l'éclatement du scandale qui empoisonna ensuite sa campagne.

Si les élections sont le pouls du corps politique, si les partis en sont les atomes, les familles politiques en constituent l'ADN. Le temps court est celui des combinaisons, des coalitions « pour » ou (plus souvent) « anti ». Le temps long est celui des familles politiques.

Au XXIe siècle, les grandes évolutions politiques porteront encore la marque des héritages et des transmissions. Passés les aléas du moment, les appartenances familiales et les cultures politiques qui s'y rattachent reprennent toujours leurs droits. Les partis, les mouvements et les hommes et les femmes qui les animent sont des réalités de leur temps, mais les idéologies, les habitudes culturelles et les référents plongent leurs racines dans l'histoire et le patrimoine.

en entier, pas à moitié !, Les Liens qui

s du Front, Les Liens qui Libèrent,

t mon dernier mot, Rubempré, 2023.

MIXTE
Papier | Pour une gestion forestière responsable
FSC® C022829

gal : août 2025

rimer en juillet 2025
Imprimerie Laballery - 506616

du papier offset 90 g Amber Graphic
tifié FSC.

La mutation politique que nous connaissons aujourd'hui passera aussi par une recomposition dans laquelle les liens tissés par l'Histoire seront mis à contribution.

BIBLIOGRAPHIE INDICATIVE

Histoire politique générale

WINOCK Michel, *La France politique. XIXe-XXe siècle*, Seuil, 1999 ; Points Histoire, 2003.

Vie politique française

NÉANT Hubert, *La Politique en France. 1815-2015*, Hachette supérieur, coll. Carré Histoire, 2016.

Histoire politique : histoire des droites, des gauches

DEFRASNE Jean, *La Gauche en France de 1789 à nos jours*, PUF, coll. « Que sais-je ? », 1975.

RÉMOND René, *Les Droites en France,* Aubier-Montaigne, coll. « Historique », 1992.

RICHARD Gilles, *Histoire des droites en France de 1815 à nos jours*, Perrin, coll. « Tempus », 2023.

Histoire des partis politiques

BRÉCHON Pierre (dir.), *Les Partis politiques en France*, La Documentation française, 2011.

Histoire des courants politiques

DUCLERT Vincent et PROCHASSON Christophe (dir.), *Dictionnaire critique de la République*, Flammarion, 2007 :

- « Le républicanisme », par Marie-Claude Blais, p. 243-249.

RUFFIN François, *Ma Franc*
Libèrent, 2024.

TONDELIER Marine, *Nouvel*
2024.

ZEMMOUR Éric, *Je n'ai pas*

Dépôt
Achevé d'im
en France par la Nouvel
Cet ouvrage a été imprimé su
ce